Bernadette Kneidinger

Facebook und Co.

VS RESEARCH

Bernadette Kneidinger

Facebook und Co.

Eine soziologische Analyse von Interaktionsformen in Online Social Networks

Mit einem Geleitwort von Prof. Dr. Rudolf Richter

VS RESEARCH

Bibliografische Information der Deutschen Nationalbibliothek
Die Deutsche Nationalbibliothek verzeichnet diese Publikation in der Deutschen Nationalbibliografie; detaillierte bibliografische Daten sind im Internet über <http://dnb.d-nb.de> abrufbar.

1. Auflage 2010

Lektorat: Verena Metzger / Dr. Tatjana Rollnik-Manke

VS Verlag für Sozialwissenschaften ist eine Marke von Springer Fachmedien.
Springer Fachmedien ist Teil der Fachverlagsgruppe Springer Science+Business Media.
www.vs-verlag.de

Umschlaggestaltung: KünkelLopka Medienentwicklung, Heidelberg
Gedruckt auf säurefreiem und chlorfrei gebleichtem Papier

ISBN 978-3-531-17549-2

Das Einmalige an einer Freundschaft ist weder die Hand,
die sich einem entgegenstreckt,
noch das freundliche Lächeln oder die angenehme Gesellschaft.
Das Einmalige an ihr ist die geistige Inspiration, die man erhält,
wenn man merkt, daß jemand an einen glaubt."
(Ralph Waldo Emerson, US-amerikanischer Philosoph 1803-1882)

Für M. und D.

Geleitwort

Soziale Netzwerke spielen heute eine zentrale Rolle im gesellschaftlichen Leben. Ihre Bedeutung steigt in virtuellen Welten noch mehr. Die Studie von Bernadette Kneidinger knüpft an die aktuelle Diskussion über Netzwerke in Internetgemeinschaften an. Sie untersucht, was soziale Netzwerke für soziale Beziehungen und Bindungen bedeuten. Wie dicht sind sie? Ähneln sie sozialen Gruppen, etwa Freundschaftsgruppen, in denen man private Sorgen teilt und gemeinsame Aktivitäten unternimmt? Sind solche Netzwerke eigentlich soziales Kapital, ein Vermögen also, das wir gewinnbringend in unserem Alltag nutzen können? Diese Fragen stellen sich in der Studie über Kommunikation in Internet Communities. Sie werden exemplarisch in der Nutzung des Programms Facebook analysiert.

Kommunikation in sozialen Netzwerken im Internet ist nicht leicht zu messen. Es ist ein Verdienst der Arbeit hier offen Schwierigkeiten aber auch Möglichkeiten der wissenschaftlich empirischen Erfassung von Kommunikation in Internet Communities darzulegen. Die Methode und ihre Anwendung erlauben durchaus Verallgemeinerungen.

Kneidinger kann als Resümee festhalten, wie Facebook die Kommunikation mit bereits bekannten Personen fördert und erweitert. Virtuelle Gemeinschaften weisen – so ein Ergebnis ihrer Arbeit – durchaus starke Bindungen auf. Motive der Nutzung können unterschieden werden, die auch die Integration in Netzwerke bestimmen. Wie dies im Detail vor sich geht und aussieht zeigt die Studie.

Durch den klaren Bezug auf die Diskussion über Netzwerke, Sozialkapital und virtuelle Welten, die sich in Facebook exemplarisch materialisieren, liefert die Studie wertvolle Erkenntnisse über das Funktionieren von virtuellen Gemeinschaften und bleibt sowohl theoretisch an den Kontext sozialwissenschaftlicher Forschung als auch empirisch an Kenntnisse über Internetgemeinschaften anschlussfähig.

Die anschauliche Sprache und das allgemein wichtige Thema machen diese wissenschaftliche Arbeit einem breiten Kreis von Leserinnen und Lesern zugänglich. Die Arbeit wird sowohl die öffentliche als auch die wissenschaftliche Diskussion zu Internet Communities bereichern.

Rudolf Richter

Vorwort

Freund oder Nicht-Freund? – Diese Frage stellt sich in Online Social Networks wie Facebook wohl so unmittelbar wie sonst kaum im alltäglichen Leben. Mittels eines einzigen Mausklicks wird dabei definiert, ob eine Person als „Freund" angesehen oder aber zu den unglücklich „Ignorierten" gezählt wird. So mancher Nutzer virtueller Netzwerke hat sich dabei vielleicht schon die Frage gestellt, inwiefern diese Online „Freundes"-Auflistung dem tatsächlichen sozialen Netzwerk eines Individuums entsprechen kann, schließlich werden hier Familienmitglieder und langjährige, engvertraute Personen mit lockeren Bekanntschaften auf eine Ebene gesetzt. Auch mir hat sich diese Frage mit zunehmender Facebook-Nutzung wiederholt gestellt und den Anstoß zu dieser Untersuchung im Rahmen der Abschlussarbeit meines Soziologie-Studiums gegeben. Mein Ziel war es, aufzuklären, inwiefern in den virtuellen Netzwerken bestehende Beziehungsstrukturen abgebildet, verändert oder aber vielleicht auch vollkommen neu gebildet werden.

Wie wichtig die Unterstützungsleistungen eines sozialen Netzwerks sind, hat sich auch im Rahmen dieser Arbeit gezeigt. Mit dem Augenblick, in dem Sie nun dieses Buch in Händen halten, ist auch der Moment gekommen, genau diesen Menschen Dank auszusprechen, die direkt oder indirekt, fachlich aber auch moralisch dazu beigetragen haben:

An erster Stelle gilt der Dank meinen Eltern, die meine wissenschaftlichen Ambitionen stets unterstützt und mir von klein auf vermitteln haben, dass es sich lohnt, seine Träume und Ziele mit Begeisterung zu verfolgen.

Weiters möchte ich mich bei Univ.-Prof. Rudolf Richter herzlich bedanken, der die Betreuung dieser Abschlussarbeit übernommen und mich bei dieser Publikation tatkräftig unterstützt hat.

Danke auch an meinen Bruder Fritz und meine Kollegin Manuela, die mit ihrem fachlich-kritischen Feedback maßgeblich zum „Finetuning" des Fragebogens beigetragen haben.

Bedanken möchte ich mich auch bei Gerhard, der das wichtige Gegengewicht zu meiner wissenschaftlichen Arbeit darstellt und mir auf diese Weise immer wieder neue Sichtweisen aber auch Energien vermittelt hat.

Zu guter Letzt gilt mein Dank Tatjana Rollnik-Manke, die das Lektorat dieser Arbeit übernommen hat und mir jederzeit mit Rat und Tat zur Seite gestanden ist.

Dank dieser vielfältigen Unterstützungsleistungen, sowohl mittels realer als auch computervermittelter Interaktionen, konnte diese Forschungsarbeit realisiert werden, die nun sowohl den begeisterten Nutzern von Online Social Networks als auch deren Kritikern einen ersten tiefergehenden Einblick in die Entwicklung von Beziehungsmustern in sozialen Online Netzwerken liefern soll.

Bernadette Kneidinger

Inhaltsverzeichnis

Tabellen- und Abbildungsverzeichnis

1. Einleitung

Online Social Networks gehören mittlerweile zu den gefragtesten Internetanwendungen und Netzwerke wie Facebook oder Twitter weisen die größten Wachstumsraten überhaupt auf (vgl. Computerwoche 4.11.2009). Durch die zunehmende Verbreitung dieser Social Networks stellt sich die Frage, inwiefern sich die Nutzung derartiger Angebote auf real existierende soziale Netzwerke auswirkt bzw. wie sich dadurch Kommunikationspraktiken verändern können. Stellen Online Social Networks eine Bereicherung für die Beziehungspflege bzw. den Kontaktaufbau zu neuen Personen dar, oder wirken sie sich eher hemmend und beschränkend aus, indem durch den wachsenden Gebrauch derartiger Online-Angebote die Zeit für die Pflege und Aufrechterhaltung existierender Beziehungsbindungen reduziert wird? Im Zentrum steht dabei auch die Frage, inwiefern sich tatsächlich eine Verlagerung der Face-to-Face-Kommunikation auf unterschiedliche Formen computervermittelter Kommunikation vollzieht.

Im Rahmen meiner Untersuchung wird einerseits der Fokus auf das Wechselspiel zwischen Online- und Offline Beziehungen gelegt, andererseits wird auch das eng damit verbundene Kommunikationsverhalten der Nutzer von derartigen Online Social Networks eine zentrale Rolle spielen.

Mittels Online-Erhebung werden dazu Nutzer der Online Social Network Seite „Facebook“ bezüglich ihrer sozialen Netzwerkstrukturen und parallel dazu zu ihren Kommunikationsgewohnheiten befragt. So kann einerseits gezeigt werden, ob es durch die Nutzung von Online Social Networks zu einer Veränderung bestehender Real Life Social Networks kommen kann, bzw. ob durch die neuen Kommunikationsmöglichkeiten via Online Social Networking Seiten klassische Kommunikationsformen wie Face-to-Face-Interaktionen oder auch Telefonieren abgelöst werden. Andererseits können aber auch die beiden Aspekte – Veränderung der sozialen Netzwerkstrukturen und Kommunikationsformen – miteinander in Beziehung gesetzt werden und so aufgezeigt werden, inwiefern diese beiden Entwicklungen einander bedingen.

Durch diese Herangehensweise auf mehreren Ebenen soll erreicht werden, dass die komplexen Wandlungsprozesse, die durch derartige Online Social Network Angebote ausgelöst werden können, in ihren sozialwissenschaftlichen Facetten aufgezeigt werden. Derartige Erkenntnisse können auch eine adäquate Antwort auf technikkritische Befürchtungen bezüglich möglicher negativer Auswirkungen der fortschreitenden Virtualisierung sozialer Kontakte geben.

Zunächst werden dazu in Kapitel 2 die zentrale Begrifflichkeit des „Sozialen Netzwerks" und die unterschiedlichen Erscheinungsformen dieses näher erläutert. Im Zentrum steht dabei die für diese Untersuchung besonders relevante Unterscheidung zwischen starken und schwachen Bindungsformen. Das dritte Kapitel fokussiert sich auf den von Bourdieu eingeführten Begriff des „Sozialkapitals" und zeigt wie sich dies im Rahmen von Online Social Networks bilden bzw. vermehren kann. Kapitel 4 beschäftigt sich mit sozialen Netzwerken im virtuellen Raum und das hier untersuchte Online Social Network „Facebook" wird kurz vorgestellt.

Der empirische Teil dieser Arbeit beginnt in Kapitel 5 mit einer Darstellung des Forschungsprojekts inklusive Erläuterung der konkreten Forschungsfragen sowie dazugehöriger Hypothesen und einer Diskussion der verwendeten Methode der quantitativen Online-Befragung. Zudem werden an dieser Stelle die Datengrundlage, der Untersuchungszeitraum sowie die vorgenommene Gewichtung der Daten dargestellt. Im umfangreichen 6. Kapitel werden die Ergebnisse der Befragung aufbereitet und in Bezug zu den aufgestellten Forschungsfragen und Hypothesen gesetzt. Den Abschluss bildet das 7. Kapitel mit einem Resümee der Ergebnisse zum Interaktionsverhalten in Online Social Networks sowie einem Ausblick auf mögliche Erweiterungen und Modifizierungen für nachfolgende Untersuchungen.

Aufgrund der besseren Lesbarkeit wird im Rahmen dieser Arbeit stets die maskuline Form verwendet. Männer und Frauen sind damit klarerweise gleichermaßen gemeint, außer dies wird explizit angegeben.

2. Soziale Netzwerke

2.1. Die Bedeutung sozialer Netzwerke

Der Mensch als „homo sociologicus“ (Dahrendorf 1958/2006) ist ein soziales Wesen und daher spielen Kontakte und die Interaktion mit anderen Personen eine zentrale Rolle im gesamten Lebensverlauf. Die Beziehungen zwischen den Menschen können sehr verschieden begründet sein, so gibt es familiäre Beziehungen, die allein über die Geburt, bzw. Verwandtschaft bereits festgelegt sind, aber es gibt auch freundschaftliche Beziehungen, die nicht automatisch rein von der Abstammung her vorgegeben sind, sondern individuell aufgebaut und auch erhalten werden müssen. Je nach Intensität der Beziehung können enge und eher lockere Freundschaften unterschieden werden. Noch geringer ist der Bindungsgrad bei Bekanntschaftsbeziehungen, die häufig nur auf gleichen Interessen, gleichen Arbeitsplätzen etc. begründet sind und keine oder kaum privatere Kontakte miteinschließen.

Grundsätzlich gibt es zwei Ansätze, aus deren Sichtweise der Freundschaftsaufbau untersucht werden kann: a.) "social needs" b.) "social compensation".

Der Ansatz der "Sozialen Bedürfnisse" („social needs“) geht davon aus, dass die Menschen deshalb Beziehungen bilden, damit sie den Bedarf an Intimität, Selbstwertschätzung und Gesellschaft erfüllen können. (Buhrmeister 1996; Wolak et al. 2003)
Dabei zeigen Untersuchungen, dass jene Menschen, die ein sehr geringes Selbstvertrauen aufweisen, eher weniger Freunde haben und damit einsamer sind. (Armstrong, Phillips, Saling 2000). Dies ist ein Grund dafür, weshalb bei der Ermittlung sozialer Netzwerke immer auch die individuellen Merkmale einer Person berücksichtigt und erhoben werden sollten, wie dies auch im Rahmen dieser Untersuchung geschehen wird.

Gemäß des Ansatzes der "Sozialen Kompensation" („social compensation“) stellen weitere Faktoren, welche die Freundschaftsschließung online fördern,

Konflikte mit und ein geringes Nahverhältnis zu Familienangehörigen dar. Auch hier ermöglicht das Internet die Kontaktaufnahme und -pflege zu anderen Personen, ohne dass dies der direkten Kontrolle bzw. Aufmerksamkeit der Familienangehörigen offenbart ist. (Mesch/Talmud 2006: 31)

Beide Ansätze machen schnell klar, welche Relevanz den stark expandierenden Online Social Networks für soziale Interaktionsstrukturen haben und welche individuellen Einflussfaktoren bei der Einschätzung der Nutzungsauswirkungen stets mitberücksichtigt werden müssen. Zuvor gibt es aber noch zu klären, welche unterschiedlichen Beziehungsformen sich überhaupt unterscheiden lassen und welche Rolle dabei die emotionale Bindungsstärke spielt.

2.2. Die Stärke sozialer Beziehungen

Abhängig vom jeweiligen Vertrautheitsgrad unterscheiden sich sowohl familiäre als auch freundschaftliche Bindungen voneinander: Schwache Bindungen zeigen sich vor allem in eher informellen Bindungen, mit spärlichem und wenig vertraulichem Austausch. Starke Bindungen bestehen hingegen in Beziehungen mit einem hohen Grad an Vertrautheit, mit mehr Selbstöffnung, Reziprozität, sowie emotionalen und instrumentellen Austausch und regelmäßiger Interaktion. (Haythornthwaite 2002, Marsden/Campbell 1984, Mesch/Talmud 2006: 31)

2.2.1. Die Formen sozialer Beziehungen

Wellman et al. unterscheiden in ihrer Untersuchung folgende Arten der Bindungen innerhalb des Netzwerkes, wobei die Kontakthäufigkeit und –intensität ausschlaggebend für die Differenzierung sind:

- *"intimate ties"*: Diese Bindungen sind die bedeutendsten für die Analyse enger sozialer Beziehungen
- *"routine ties":* Darunter werden alle signifikanten Bindungen verstanden, mit denen die Befragten zumindest dreimal die Woche in Kontakt waren, sei es nun in Form eines direkten Treffens, telefonisch, per Brief oder über Funk. (vgl. Wellman 2008 et al: 137)

Für eine Untersuchung des US-amerikanischen PEWS Instituts wurden soziale Beziehungen ebenfalls in zwei Gruppen eingeteilt:

- *"core ties":* Damit sind vor allem die engen Bindungen gemeint, in denen regelmäßiger Kontakt besteht, und wo die beteiligten Personen auch gegenseitige Hilfe und Unterstützung suchen. Innerhalb dieser Bindungsform gibt es drei Schlüsseldimensionen, über die die Bindungsstärke gemessen wird: a.) emotionale Vertrautheit ("emotional intimacy"), b.) Kontakt und c.) die Verfügbarkeit von sozialem Netzwerkkapital.
- *"significant ties":* Hier sind die weniger engen Bindungen gemeint, bei denen es keinen so regelmäßigen Kontakt gibt und weniger Hilfestellung erwartet wird. Die "significant ties" sind somit schwächer als die "core ties" und bestehen meist zwischen Bekannten, die aber in bestimmten Situationen, wo Informationen oder Ratschlag benötigt wird, zu wichtigen Ansprechpersonen innerhalb des Netzwerkes werden können. (Wellman et al. 2006: 6)

Neben dieser Unterscheidung nach Bindungsstärke bzw. Interaktionshäufigkeit kann zwischen verschiedenen Gemeinschaftsrollen differenziert werden:

- *Verwandtschaft*: Die Verwandtschaft oder Nachbarschaft machten bei dem untersuchten Netzwerk von Wellman et al. (2008) den größten Teil der Bindungen aus. Nahezu alle Befragten hatten zumindest einen Verwandten im Netzwerk.
- *Nachbarschaft*: Nachbarschaftliche Bindungen machen die Mehrheit der "routine ties" aus, und sind eher selten "intimate ties". Die Beziehung beruht in erster Linie auf schnellen physischen Zugang zu Gesellschaft und kleineren Hilfestellungen. Die Nachbarschaftsbindungen tendieren dazu entweder eine Frau-zu-Frau- oder eine Paar-zu-Paar-Bindung zu sein. Nachbarschaftliche Bindungen machen ein Drittel bis zu die Hälfte aller Netzwerke aus.
- *Freunde*: Freundschaftliche Bindungen werden eher selten als "routine ties" angeführt, aber werden oft als "intimate" und aktive Bindungen gesehen. Interessant ist dabei das Faktum, dass 21% der Freundschaftsbindungen aus Nachbarschaftsbindungen und 18% aus

Arbeitsbeziehungen entstanden. Ehemalige Nachbarn und Arbeitskollegen werden somit zu engen und intimen Freunden, wobei die Freundschaften oft sogar dann bestehen bleiben, wenn Wohnort oder Arbeitsplatz gewechselt werden.

- *Arbeitskollegen*: Die Bindungen zu Arbeitskollegen werden zwar sehr wohl als aktiv erlebt, machen aber insgesamt max. ein Drittel aller Bindungen aus. "Intimate ties" sind bei Arbeitskollegen eher selten zu finden.
- *Organisationelle Bindungen*: Organisationelle Bindungen sind die am seltensten vorkommende Form und machen im Falle der Untersuchung von Wellman et al. (2008) maximal 30% der Bindungen aus. Nur sehr wenige davon sind "intimate" ties, keine davon sind "routine ties". (vgl. Wellman 2008 et al.: 142ff)

Es zeigt sich somit, dass es eine Vielzahl an Zugangsmöglichkeiten zur Unterscheidung von sozialen Bindungsformen ist. Grundlegend erscheint jedoch bei all diesen Kategorisierungen die Unterscheidung zwischen starken und schwachen Beziehungen, die auch im Rahmen dieser Studie vorgenommen wird. Um noch einen Schritt weiterzugehen, werden Familienmitglieder neben engen Freunden und lockeren Bekannten als dritte Beziehungsform herangezogen, da Familienangehörige zwar rein von der Abstammung her eine enge Bindung aufweisen, dies aber nicht unbedingt mit einer engen emotionalen Beziehung einhergehen muss. Bei engen Freunden bzw. lockeren Bekannten wird allein schon die Definition der Beziehungsform vom Stand der emotionalen Bindung bestimmt, sodass diese klar in die Kategorien „strong ties“ vs. „weak ties“ eingeordnet werden können.

2.3. Studienergebnisse zu sozialen Bindungsformen

Wie schauen aber soziale Netzwerke eines durchschnittlichen Bürgers aus? Wie viele Personen werden normalerweise zu den engen Freunden gezählt bzw. wie viele Personen umfasst das soziale Netzwerk insgesamt? Haben soziodemographische Faktoren einen Einfluss auf die Größe und Struktur eines Netzwerkes?

Axel Franzen erhob im Rahmen einer umfangreichen Untersuchung in der Schweiz sowohl die sozialen Netzwerke von Internetnutzern als auch jene von Offlinern.

Dabei zeigte sich, dass insgesamt im Schnitt 10 Personen zu den "engen Freunden" gezählt wurden, bei den Internetnutzer, die ein eigenes Sample bildeten, waren es 12. (Franzen 2000: 430) Unter Einbezug der soziodemographischen Faktoren ging eine höhere Bildung und ein höherer ökonomischer Status mit einer höheren Freundeszahl einher. Auch der Familienstatus zeigte Einflusskraft, indem die Netzwerkgröße bei verheirateten Personen höher ist, ebenso bei jenen in großen Haushalten oder jenen, die eine große Zahl an Geschwistern haben.

Aber auch die Wohngegend hat einen Einfluss, so haben Personen, die in einem nicht-städtischen Lebensumfeld aufwuchsen eher große Netzwerke als jene, die in städtischen Regionen aufwuchsen. Grundsätzlich lässt sich zudem die naheliegende Vermutung bestätigen, dass aktivere Menschen auch größere Netzwerke haben. (Franzen 2000: 431)

Was bei diesen Querschnittuntersuchungen jedoch unklar bleibt, ist die Richtung der Kausalität: So kann nicht unmittelbar aus der größeren Netzwerkgröße der Internetnutzer geschlossen werden, dass das Internet zu dieser Vergrößerung beigetragen hat. Es kann auch sein, dass Menschen mit großem Netzwerk das Internet stärker nutzen. Was sich aber dennoch sehr klar festhalten lässt, ist, dass Internetnutzer keineswegs sozial isoliert sind, sondern im Gegenteil eine relativ aktive soziale Gruppe sind. (Franzen 2000: 431) Das Klischee des isoliert und einsam lebenden Computerfreaks trifft somit eindeutig auf die Mehrheit der Internetnutzer nicht zu.

3. Sozialkapital

3.1. Was versteht man unter Sozialkapital?

Eine zentrale Rolle im Bereich sozialer Netzwerk und sozialer Beziehungsformen spielt der Aspekt des Sozialkapitals, der mittlerweile zu einem derartig vielzitierten Begriff geworden ist, dass dazu auch dementsprechend unterschiedlichste Definitionsansätze existieren. Während Brauer (2005) den Aspekt des "Vermögens" hervorstreicht, indem er Sozialkapital als "immaterielles und nichtprivates Vermögen einer Gesellschaft" (Brauer 2005: 257) definiert, stütze ich meine Arbeit auf die Definition von Lin, die den Aspekt des "Gewinns" aus sozialen Beziehungen hervorhebt:

> *"Social capital is an elastic construct used to describe the benefit one receives from one's relationships with other people."* (Lin 1999)

Sozialkapital umschreibt den Nutzen, den man aus sozialen Beziehungen ziehen kann, und ist somit eine Art Maßzahl für den „Wert“ sozialer Bindungen, wie auch die Definition von Franzen/Pointner in Anlehnung an Bourdieu (1983) deutlich ausdrückt: Mit Sozialkapital wird „jene Ressourcen bezeichnet, die ein Akteur nicht selbst besitzt, sondern über die ein Individuum lediglich aufgrund seiner sozialen Kontakte zu anderen Akteuren verfügen kann.“ (Franzen/Pointner 2007: 67)

Voraussetzungen für Sozialkapital sind somit in jedem Fall soziale Beziehungen, die in unterschiedlichster Weise zunächst aufgebaut und dann erhalten und gepflegt werden müssen, um tatsächlich auch Sozialkapital "abwerfen" zu können.

Aus diesem Grund ist Sozialkapital weder eine reine Eigenschaft des Individuums, wie dies bei Bourdieus Konzept des sozialen Kapitals als dritte Form neben dem ökonomischen und kulturellen Kapital ansetzt (Bourdieu 1986), noch kann sie als reine Eigenschaft einer Gesellschaft insgesamt zugeschrieben werden, da sie immer auch aus der Sicht des jeweiligen Individuums gesehen werden muss. Das Sozialkapital wird somit auf einer Ebene zwischen den Individuen und den Institutionen verortet. (Brauer 2005: 264)

Jansen bezeichnet es daher sehr treffend als eine Art Zwitterstellung zwischen Individuen und Sozialstruktur die soziales Kapital einnimmt. Eine Stellung, die das Konzept optimal dafür eignet, die Lücke zwischen Mikro- und Makroebene zu schließen (vgl. Jansen 2003: 27) und somit erlaubt Auswirkungen gewisser Interaktionsstrukturen bzw. -routinen sowohl auf individueller als auch auf gesellschaftlicher Ebene zu analysieren. Genau diese Kombination aus individuellen und gesellschaftlichen Erscheinungsformen muss auch im Zentrum einer sozialwissenschaftlichen Untersuchung von computervermittelte Interaktionsformen in Online Social Networks stehen.

Es zeigt sich somit, dass mit dem Konzept des „Sozialkapitals" sehr vielfältige Definitionsansätze und Forschungsrichtungen verbunden sind. Eine meiner Meinung nach sehr gelungene Zusammenfassung dieser unterschiedlichen Definitionen von Sozialkapital findet sich bei Franzen/Pointner:

> *„Als Sozialkapital werden erstens die Ressourcen aufgefasst, auf die ein Individuum aufgrund seiner Zugehörigkeit zu verschiedenen Netzwerken potenziell zugreifen kann."*
>
> *„Zweitens wird unter dem Begriff auch das generalisierte Vertrauen in Personen und Institutionen verstanden."*
>
> *„Drittens schließlich wird der Begriff Sozialkapital auch verwendet, wenn von allgemeinen Normen, wie der Fairness- oder der Reziprozitätsnorm, gesprochen wird." (Franzen/Pointner 2007: 71)*

3.2. Formen des Sozialkapitals

In Anlehnung an die unterschiedlichen Definitionsansätze werden auch unterschiedliche Formen des Sozialkapitals differenziert:
So unterscheiden Lin (2001) zwischen instrumentellen und expressiven Aspekten des Sozialkapitals. Unter den instrumentellen Aspekten werden jene Vorteile zusammengefasst, die ein Individuum durch den Zugriff auf Ressourcen der Gemeinschaft erhält. Mit expressiven Aspekten werden jene Vorteile gemeint, die allein über die Zugehörigkeit zur Gemeinschaft entstehen.

Putnam unterscheidet grundsätzlich zwischen drei Formen des Sozialkapitals:

- *Vertikale vs. horizontale Beziehungen:* Während bei horizontalen Beziehungen Akteure mit vergleichbarem Status und Macht zusammenkommen, sind bei vertikalen Beziehungen ungleiche Akteure miteinander verknüpft. Laut Putnam kann die vertrauensbildende und kooperationsfördernde Wirkung nur in horizontalen Netzwerken eintreten, da in vertikalen Netzwerken der Informationsfluss zu unzuverlässig sei. (Putnam 1993: 173ff)
- *Formelle vs. informelle Beziehungen:* Unter formellen Beziehungen werden jene verstanden, die im Rahmen von institutionalisierten Organisationen entstehen, während informelle Beziehungen ohne äußere Vorgabe zwischen Individuen entstehen.
- *Starke vs. schwache Beziehungen*: Hier wird primär aufgrund des unterschiedlichen emotionalen Bindungsgrades unterschieden.

Da im Rahmen von Online Social Networks hierarchische Beziehungsformen, wie sie hier in Typ nur 1 beschrieben ebenso wenig wie formelle Beziehungen (Typ 2) eine zentrale Rolle spielen, wird für diese Arbeit vor allem die Unterscheidung von starken vs. schwachen Beziehungen (Typ 3) von besonderer Relevanz sein und daher wird diese Differenzierung im Folgenden auch näher beleuchtet.

3.2.1. Starke vs. schwache Beziehungen

Die Unterscheidung zwischen starken und schwachen Beziehungen in Hinblick auf das Sozialkapital geht auf Granovetter zurück (1973), der die Stärke einer Beziehung („tie") als eine Kombination der Zeit, der emotionalen Intensität, der Intimität (des sich gegenseitigen Anvertrauens) und der reziproken Dienstleistungen sieht.

Starke Beziehungen bestehen in erster Linie zwischen engen Freunden und Familienangehörigen, schwache Beziehungen eher zwischen oberflächlich Bekannten. (vgl. Kriesi 2007: 38)

Granovetters These geht so weit, dass er meint, der Anteil der gemeinsamen Beziehungen von zwei Personen nimmt mit der Stärke ihrer Beziehungen zu, d.h.

desto mehr gemeinsame andere Beziehungspersonen haben diese beiden Menschen gemeinsam. Gibt es in einer Gemeinschaft jedoch sehr starke dyadische Bindungen zwischen den Mitgliedern, so kann es zu einer sozialen Schließung kommen. Woraus Granovetter weiters die Vermutung ableitet, dass für den Informationstransfer starke Beziehungen weniger förderlich sind als schwache Beziehungen, da diese oft Personengruppen miteinander verbinden, die nicht automatisch auch den gleichen begrenzten Informationsbestand aufweisen. Sie stellen somit eine Art „Brücke" zwischen sozialen Gemeinschaften dar. (vgl. Kriesi 2007: 39)

In diesem Punkt entspricht das Modell von Granovetter ziemlich exakt dem Modell von Putnam, der zwischen den „brückenschlagenden" (bridging) und den „bindenden" (bonding) Formen des Sozialkapitals unterscheidet. Ersteres entspricht dabei den schwachen Beziehungen, die auch unterschiedlichen Gesellschaftsgruppen miteinander vernetzen können, während letzteres den starken Beziehungen entspricht, bei denen Personen miteinander verbunden sind, die oft auch aus der gleichen gesellschaftlichen Gruppe entstammen. (vgl. Putnam 2000: 22f)

Um die unterschiedlichen sozialen Vorteile von starken und schwachen Beziehungen noch klarer dazustellen, hat Granovetter (1995) diese unterschiedlichen Potentiale am Beispiel der Arbeitsplatzsuche untersucht. Für eine derartige Aufgabe sind neben der reinen Informationsvermittlung über freie Stellen auch der Einsatz der helfenden Person in Form von Kontaktherstellung etc. gefragt. Gerade diese aktive Unterstützung verlangt aber auch einen gewissen Grad an gegenseitigem Vertrauen, das eigentlich in starken Beziehungen verankert ist. Neue Informationen über freie Stellen werden oft nur durch Personen, mit denen man keine so enge Bindung aufweist, erlangt, da die engen Bezugspersonen oftmals nur ohnehin jene Jobmöglichkeiten kennen, die der Person ohnehin schon bekannt sind. Schwache Beziehungen bringen hier also einen wichtigen Informationsgewinn. Geht es schließlich darum, die bekannt gewordene freie Arbeitsstelle auch zu bekommen, spielen wiederum oft starke Beziehungen eine wichtige Rolle, indem etwa ein enger Freund eventuell ein gutes Wort bei dem neuen Arbeitgeber einlegen kann. Zusätzlich zeigt sich auch, dass in so einem Fall neben den Beziehungen vor allem auch der Faktor der Reputation von zentraler Bedeutung ist, der u.a. darüber entscheidet, ob sich eine Person auch wirklich aktiv für den Arbeitsstellensuchenden einsetzt. Nur für jemanden der einen guten Ruf hat, wird sich sowohl ein enger Freund als auch ein lockerer Bekannter einsetzen, da dies unter Umständen auch negativ auf ihn zurückfallen könnte (vgl. Kriesi 2007: 40).

Diese Erkenntnisse zum Informationsfluss bei der Arbeitsplatzsuche lassen sich aber auch auf andere Bereiche ausweiten, wie Jansen sehr ausführlich darlegt:

> *"Größere und differenziertere Gesellschaften sind vielmehr inhärent auf weak ties angewiesen. Die Zahl der strong ties, die ein Akteur unterhalten kann, ist recht begrenzt, denn strong ties verlangen viel Zeit und Aufmerksamkeit. Durch strong ties verbundene Cliquen können nicht beliebig wachsen, weil die Beziehungskapazitäten der einzelnen Akteure begrenzt sind. Mehrere strong ties führen tendenziell zu einer Gruppe untereinander ohnehin vernetzter Akteure.. (...) weak ties dagegen sind weniger redundant, sie liefern neue Informationen. (...) Solche weak ties sind in der Lage, auch große Distanzen in Netzwerken zu überbrücken. Sie sind für alle Mobilitäts-, Modernisierungs-, Innovations- und Diffusionsprozesse von Bedeutung, denn sie vermitteln verschiedenartige und oft auch neue Informationen und Normen. Sie sind es auch, die verhindern können, dass Ausschließungsprozesse absolut werden und die verschiedenen stark integrierten Gruppen einer Gesellschaft (Clans, ethnische Gruppen, Klassen, religiöse oder regionale Gruppen usw.) sich gegenseitig die Lebensberechtigung absprechen und bekriegen."*
> (Jansen 2003: 107)

Grundsätzlich kann also für die unterschiedlichen Formen sozialen Kapitals auf individueller Ebene folgende Differenzierung festgehalten werden:

- *bridging social capital:* Hier stehen die schwache, eher lose Bindungen (weak ties) und der informationelle Gewinn durch ein sehr heterogenes Netzwerk im Mittelpunkt. Emotionelle Unterstützung wird in diesem Fall jedoch kaum erwartet.
- *bonding social capital:* Hier stehen die emotionalen Gewinne durch starke Bindungen (strong ties) zu engen Freunden und Familienmitgliedern im Zentrum.

Steinfield et al. haben diese binäre Ausdifferenzierung noch durch eine dritte Form ergänzt, die sich vor allem im Zeitalter einer zunehmenden Mobilisierung der Gesellschaft an Bedeutung gewinnt:

- *maintained social capital:* Dies spricht eine Form des Sozialkapitals an, die es erlaubt mit der ehemaligen Gemeinschaft in Verbindung zu bleiben (z.B. nach Umzug) (vgl. Steinfield et al. 2008: 437)

Gerade dieser letzte Aspekt scheint auch im Zusammenhang mit Online Social Networks von großer Relevanz zu sein, da diese wie auch Steinfield et al. (2008) nachgewiesen haben, der Faktor der Aufrechterhaltung und Pflege alter Kontakte ein wichtiges Nutzungsmotiv von Facebook darstellt.

Für empirische Untersuchungen liegt die größte Schwierigkeit darin, das abstrakte Konzept des Sozialkapitals über Indikatoren messbar zu machen. Die hier vorgestellten Differenzierungen nach unterschiedlichen Bindungsstärken werden dabei eine zentrale Rolle spielen. Bevor jedoch im Kapitel 3.4. auf das Messbarmachen von Sozialkapital gezielt eingegangen wird, ist vorher noch die Frage zu klären, wie Sozialkapital überhaupt in den sozialen Beziehungen vermittelt werden kann.

3.2.2. Vermittlung von Sozialkapital

Jansen ging der Frage nach den Vermittlungsquellen von Sozialkapital nach und nennt sechs Ressourcen und Werte, die soziales Kapital vermitteln können:

- *Familien- und Gruppensolidarität*: Hier spielen vor allem die strong ties eine wichtige Rolle als Basis des Sozialkapitals, d.h. die "starken, engen und häufigen Beziehungen mit hoher Überlappung und Reziprozität in kohäsiven, abgegrenzten Gruppen" (Jansen 2003: 28).
- *Vertrauen in die Geltung universalistischer Normen:* Studien von Putnam (1993, 2000) haben gezeigt, dass es v.a. die schwachen Beziehungen, die weak ties, sind, die eine Gesellschaft trotz funktionaler und sozialer Differenzierung integrieren und dabei auch das Vertrauen in das Normen- und Rechtssystem sicherstellen.
- *Information*: Vor allem Granovetter (1973) hat mit seiner These von der Stärke der schwachen Beziehungen auf die Informationskanäle als wichtigen Faktor des sozialen Kapitals hingewiesen. Derjenige, der in einer Gesellschaft so positioniert ist, dass er Informationen rasch und aus vielen verschiedenen Quellen erhält, weist hohes Sozialkapital auf.
- *Macht durch strukturelle Autonomie:* Auf diesen Aspekt hat vor allem Burt (1982, 1992) hingewiesen, indem er zeigt, dass jene Akteure, die als "Cutpoint" eine Brücke über strukturelle Löcher darstellen, diese strukturelle Autonomie genießen. Dadurch, dass der Akteur zwischen

zwei ohne ihn voneinander getrennten Gesellschaftsgruppen steht, kann er für sich selbst Gewinne durch Informationsvorsprung etc. ziehen.

- *Selbstorganisationsfähigkeit von Kollektiven:* Hierarchisierung und Stratifizierung: Hohes Prestige, Ansehen und Einfluss bezieht ein Akteur vor allem dadurch, dass andere Akteure, die idealerweise ebenfalls hohes Prestige aufweisen, ihm ihr Ansehen bekunden. Je höher jemand auf der Rangskala positioniert ist, desto besser ist er dafür geeignet, innerhalb von Teilnetzwerken Aufgaben der Koordinierung und Sanktionierung zu übernehmen. Es setzt dabei ein sich selbst verstärkender Effekt ein, bei dem Netzwerkpositionen mit ohnehin bereits hohem Prestige und hoher Zentralität selbst zum Ziel von Kooperations- und Tauschangeboten von anderen Akteuren werden.
- *Macht durch sozialen Einfluss:* Die Studie von Burt (1992) hat gezeigt, dass zu unterscheiden ist zwischen Macht im Sinne von sozialem Einfluss und Macht im Sinne struktureller Autonomie. Dabei zeigte sich vor allem Beziehungen zu voneinander unverbundenen Akteuren für viele Manager von größtem Nutzen, da auf diese Weise der Informationszuwachs am größten[1] war bzw. der Manager durch seine zentrale Positionierung eine gewisse vorteilhafte Stellung gegenüber den unverbundenen Akteuren einnehmen kann. Ausgenommen davon sind jedoch Jung-Manager und Frauen, für die im Gegensatz vor allem Netzwerke mit starken Beziehungen zu hochrangigen und einflussreichen Personen günstiger sind, da hier offensichtlich weniger der Faktor des Informationsvorsprüngs als vielmehr jener der sozialen Unterstützung durch eine andere Person von Vorteil ist. (vgl. Jansen 2003: 29ff)

3.3. Physische und psychische Auswirkungen des Sozialkapitals

Welche praktische Bedeutung das so komplex anmutende Konzept des Sozialkapitals auf die Menschen haben kann, wurde mittlerweile in einer Vielzahl an Studien nachgewiesen.

---

[1] siehe auch Beispiel Arbeitssuche von Granovetter

So zeigen sich auf Individualebene die positive Auswirkungen sozialer Netzwerke auf die physische und psychische Gesundheit sowie die Lebenszufriedenheit (expressiver Nutzen), gleichzeitig helfen egozentrierte Netzwerke bei der Arbeitssuche, dem Auffinden wichtiger Informationen usw. (instrumenteller Nutzen). (vgl. u.a. Wöhler/Hinz 2007: 92, Granovetter 1995)

Die Bedeutung des individuellen Sozialkapitals liegt laut Flap (2001) in den zu mobilisierenden Ressourcen, bei denen er vier Dimensionen unterscheidet:

- Potentielle Ressourcengeber: Die Voraussetzung für soziales Kapital ist das Vorhandensein von sozialen Kontakten, d.h. jemand der z.B. Hilfestellung anbieten kann.
- Ressourcen der potentiellen Geber: d.h. jene Ressourcen, die man über die jeweiligen Kontaktpersonen erhalten kann. Diese Ressourcen können dabei materieller sowie immaterieller Art sein. Dabei kann die Art der Beziehungen unterschieden werden, so eigenen sich Verwandtschaftsbeziehungen (kin-Kontakte) eher für materielle und emotionale Unterstützung, während Nicht-Verwandtschaftsbeziehungen (non-kin-Kontakte) vor allem für Beratung und Information, d.h. immaterielle Unterstützung wichtig sind. (Wöhler/Hinz 2007: 95)
- Hilfsbereitschaft: Die Kontaktpersonen müssen auch die notwendige Hilfsbereitschaft mit sich bringen, damit man von ihnen profitieren kann, d.h. sie müssen auch bereit sein, tatsächlich ihre potentiell hilfreichen Ressourcen für das Individuum einzusetzen.
- Struktur des Netzwerkes: Entscheidend ist immer auch die Dichte des Netzwerkes, d.h. z.B. gemeinsam geteilte Normen und Werte, die dazu führen, dass Hilfestellung sehr rasch und gezielt erfolgen kann.
- Um den Wert eines sozialen Netzwerkes zu ermitteln, müssen alle diese vier Dimensionen in Kombination berücksichtigt und einbezogen werden. (vgl. Wöhler/Hinz 2007: 93f)

Die Dimensionen 1, 2 und 4 werden auch bei der Konzeption der Fragen zum Sozialkapital der Facebook-Nutzer eine richtungsweisende Funktion übernehmen. Die 3. Dimension der Hilfsbereitschaft muss daher ausgespart bleiben, weil im Rahmen einer Querschnittuntersuchung sowie keiner Vollerhebung des personalen Netzwerkes der Befragungspersonen nicht direkt ermittelt werden kann, inwiefern die Kontaktierung auch tatsächlich zu einer hilfsbereiten Reaktionen geführt hat. Was jedoch sehr wohl erhoben werden kann, sind etwa mit Dimension 1 potentielle Ressourcengeber in konkreten Situationen. Gibt es im Netzwerk der Befragungspersonen derartige Ressourcengeber und wie sind sie mit dieser Person auf der Beziehungsebene verbunden? Zudem werden unterschiedliche Situationsbeschreibungen formuliert, um auf diese Weise unterschiedliche Ressourcen potentieller Geber abfragen zu können (Dimension 2). Die vierte Dimension, nämlich die Dichte des Netzwerkes, wird einerseits indirekt erhoben, indem abgefragt wird, wie häufig die Befragungsperson mit Freunden, Bekannten und Familienmitgliedern über unterschiedliche Kommunikationskanäle kommuniziert. Die Interaktionshäufigkeit kann Rückschluss darauf geben, wie dicht das Netzwerk ist, da eine regelmäßige Kommunikation häufig vor allem zwischen jenen Interaktionspartner stattfindet, die gewisse Wertvorstellungen und Lebenserfahrungen teilen und nicht zuletzt auch auf emotionaler Ebene eine gewisse Verbundenheit aufweisen. Zudem führen auch regelmäßige Kontakte dazu, dass sich gewisse Einstellungen und Sichtweisen angleichen können.

3.4. Die Messung von Sozialkapital

Die theoretischen und definitorischen Ausführungen zum Konzept des Sozialkapitals haben sehr deutlich die Diversität der damit verbundenen Aspekte aufgezeigt. Es ist daher sehr naheliegend, dass Sozialkapital nicht mittels einfacher Befragungstechniken oder sonstiger Messtechniken direkt ermittelt werden kann, sondern nur über Umwege, d.h. Indikatoren empirisch messbar gemacht werden kann. Auch für diese Untersuchung wird es daher notwendig sein, zumindest in groben Zügen gewisse soziale Netzwerkstrukturen der Facebook-Nutzer aufzudecken.

Meistens wird die Netzwerkeinbindung von Individuen in Befragungen mittels des Namensgenerators von Claude Fischer (Laumann 1966; Fischer 1977: 15) erhoben. Dabei werden die Befragten gebeten, die Namen oder Initialen der Personen anzugeben, mit denen sie sich über wichtige Belange des Lebens unterhalten bzw. die sie bei Problemen um Rat bzw. Hilfe fragen. Dabei wird meist nach 5 Personen gefragt, zu denen dann nähere Angaben über die Beziehung zu dieser Person, bzw. deren sozio-demographischen Kennzeichen abgefragt werden. Der Nachteil dieses Namensgenerators ist jedoch, dass die Befragten entweder allein durch die Vorgabe eine gewisse Anzahl von Personen zu nennen, in ihrer Antwort beeinflusst werden. Oftmals werden dadurch entweder zu wenige oder zu viele Personen angeführt, die in der Realität tatsächlich kontaktiert würden. Zudem wird die Aufmerksamkeit vor allem auf die starken Beziehungen gelenkt, obwohl schwache Beziehungen ebenfalls eine wichtige Rolle im Netzwerk spielen können, v.a. bei der Informationsverbreitung. (vgl. Franzen/Pointner 2007:73)

Um diesen Nachteil auszugleichen haben Nan Lin und Mary Dumin (1986) einen Positionsgenerator entwickelt, bei dem den Befragten eine Liste mit 20 Berufen vorgelegt wird und sie gebeten werden, anzugeben, ob ein Familienmitglied, ein Freund oder ein Bekannter eine solche Position inne hat. Auf diese Weise wird der Zugang zu einer Ressource über die Stärke der Beziehung zu einer Person in einer bestimmten Berufsposition gemessen. (Lin und Dumin 1986: 371, zit. in: Franzen/Pointner 2007: 73)

Der Nachteil ist jedoch, dass hier nicht nach konkreten Ressourcen gefragt wird, die der Befragte von den angegebenen Kontakten erhalten könnte. Zudem werden Ressourcen, die nicht an eine Berufsposition gekoppelt sind, vollkommen vernachlässigt, wie etwa emotionale Unterstützung, die unabhängig vom Status einer Person sind. Auch die Abfrage von Multiplexität von Netzwerkkontakten, d.h. von multiplem Ressourcentransfer über eine Person, ist nur schwer möglich. (vgl. Franzen/Pointner 2007: 74)

Ein weiterer Vorschlag für die Messung von Sozialkapital ist der Ressourcengenerator von Van der Gaag und Snijders (2004), bei dem den Befragten eine Liste von Ressourcen genannt werden, zu der der Befragte angeben soll, ob sie Personen kennt, die ihnen diese Ressource zur Verfügung stellen können. Die abgefragten Bedürfnisse entsprechen Situationen in der modernen Gesellschaft, wie etwa Hilfe bei PC Problemen, die Reparatur des Autos oder Hilfe bei der Steuererklärung. Die Verfügbarkeit der Ressourcen wird über die Art der Bindung (Familie, Freund, Bekannter) ermittelt. Nachteil ist dabei jedoch, dass der Umfang oder die Dichte des Netzwerkes nicht erhoben werden. (vgl. Franzen/Pointner 2007: 74)

Aus diesem Grund empfehlen Franzen/Pointner (2007: 74) eine Kombination von Namensgenerator und Ressourcengenerator für die Messung von Sozialkapital. Dabei sollen beim Namensgenerator der Vorname aller Personen genannt werden, die dem Befragungsteilnehmer in unterschiedlichen Gebieten behilflich sein können. Nachteil ist in diesem Fall der Aufwand der Erhebung, die sehr umfangreich und damit zeitintensiv ausfallen muss.

In der praktischen Anwendung erhob Franzen im Rahmen einer zweiwelligen Sampleuntersuchung das Sozialkapital mittels zweier Indikatoren: Die Größe des Netzwerkes und die Zeit, die Personen mit ihrem Netzwerk verbringen. Auf diese Zeit kann einerseits die personelle Quantität ermittelt sowie andererseits auch ein Indikator für die Beziehungsqualität erhoben werden. (Franzen 2003: 348)

Für diese Untersuchung, bei der nicht eine Erhebung des gesamten sozialen Netzwerkes eines Nutzers das Ziel darstellt, sondern vielmehr die punktuelle Beleuchtung einiger starken vs. schwacher Bindungen und der damit verbundenen Interaktionsroutinen, wird das Modell von Van der Gaag und Snijders (2004) als Vorbild genommen und fünf exemplarische Situationsbeschreibungen ausgewählt, von denen drei in erster Linie starke Bindungen und zwei primär schwache Bindungen aktivieren sollen. Die genaue Darstellung der verwendeten Situationsbeschreibungen für die Identifizierung unterschiedlicher Beziehungsformen erfolgt in Kapitel 5.6.

3.5. Sozialkapital und Online Social Networks

Online Social Network Sites bieten wie bereits angedeutet in Hinblick auf den Auf- und Ausbau von Sozialkapital interessante neue Möglichkeiten an. Mittels unterschiedlichster Tools können Beziehungen und Bekanntschaften gebildet bzw. gepflegt werden, die teilweise über die Kontaktpflege im realen Leben hinausgehen. Auch die Möglichkeit für den Austausch von Hilfeleistungen oder sonstigen sozialen Unterstützungsformen haben sich durch die computervermittelte Kommunikation verändert bzw. erweitert. So ist es etwa durchaus denkbar, dass auch über das Online Social Network von Personen Hilfeleistungen oder emotionaler Trost gespendet wird, mit denen jener oder jene, die ein Problem hat, im realen Leben nur wenig oder gar keinen Kontakt hat. Manchen Personen kann die rein geographische Entfernung und die damit verbunden sinkende Gefahr, jene Person, der man im Online Social Network „sein Herz ausgeschüttet hat", im nächsten Moment auch direkt auf der Straße

treffen zu müssen, regelrecht eine Erleichterung für die Artikulation von Problemen oder emotionalen Empfindungen bieten. Daher stellt sich die Frage, wie sich die unterschiedliche Nutzung derartiger Tools auf die bestehenden bzw. auf die neu aufgebauten Beziehungen auswirkt.
Als zentrale These, die im Rahmen dieses Zusammenhangs zu klären ist, kann folgendes formuliert werden: *Online Social Networks erleichtern Aufbau und Pflege von Sozialkapital.*

Die Gründe für diese Annahme lassen sich in drei große Bereiche zusammenfassen:

1. Online Social Networks bieten *neue und bequeme Kommunikationsmöglichkeiten* (z.B. Chat, Messagefunktion, Pinnwand, Statusmeldungen, usw.), die den Kontaktaufbau bzw. die –pflege einfach und schnell von jedem beliebigen Ort ermöglichen. Zuhause vom Computer aus oder aber auch zunehmend unterwegs mit dem Handy kann mit Personen Kontakt aufgenommen oder gepflegt werden. Zudem kann auf Grund der unterschiedlichen Kommunikationstools entschieden werden, mit welchen Personen eine simultane Interaktion angestrebt wird, und welchen anderen „Freunden" eher die dezentere und zeitversetzte Kommunikation etwa mittels Postfach-Nachricht auf Facebook gewählt wird. Neben dem Zeitfaktor ist auch der Kostenfaktor nicht zu verachten, der für diese Interaktionsform im Vergleich zu traditionellen Kommunikationsmitteln wie Telefon oder Briefen dank kostengünstiger Internet Flatrates deutlich geringer ist.

2. Mittels Online Social Networks können eigene *Vorlieben und Aktivitäten sehr schnell und einfach mit anderen geteilt werden*, indem etwa interessante Links, aktuelle Fotos, Veranstaltungshinweisen, usw. veröffentlicht werden. Auf diese Weise wird der Kommunikationsfluss auch mit jenen Personen erleichtert und eventuell sogar erst initiiert, die mittels klassischer Kommunikationsformen kaum kontaktiert worden wären. War vor Facebook die Organisation und Gründung von Fangruppen noch ein aufwändiger und vor allem langwieriger Prozess, so ist dies im Online Social Network mit wenigen Klicks möglich und aufgrund der großen Popularität von Facebook können auch die Mitgliedszahlen derartiger Online Fanclubs innerhalb weniger Tag beachtliche Höhen erreichen.

3. *Online Social Networks fördern aber auch die Kontaktaufnahme im Real-Life*, indem auch Offline-Kontaktinformationen (z.B.: Telefonnummer, Email,

Wohnort) im Online-Profil bereitgestellt werden können. Auf diese Weise unterstützen die Online Social Networks somit auch den Übergang zwischen Online- und Offlineinteraktionen bzw. erleichtern die Wiederaufnahme mit Kontakten, die im realen Leben auf Grund von (geographischer) Distanz verloren gegangen sind (vgl. „maintained social capital").

3.5.1. Die Messung von Sozialkapital in Online Social Networks

Im Hinblick auf die Erhebung von Sozialkapital innerhalb von Online Social Networks ist diese Kombination von quantitativer Erhebung der Freundeszahl sowie die qualitative Erhebung der Interaktionsfrequenz zur richtigen Einschätzung der Netzwerkstruktur unumgänglich, da Studien gezeigt haben, dass die Mehrheit der Social Network Nutzern nur mit weniger als der Hälfte ihrer aufgelisteten Freunde tatsächlich Kontakt hat, d.h. mit einem Großteil ihres eigenen virtuellen Netzwerks kaum aktiv interagiert (Wilson et al. 2009: 206), wodurch diese Beziehungen auch kaum positiv zum Sozialkapital einer Person beitragen können. Würde man nur von der Anzahl der Freunde innerhalb des Online Social Networks ausgehen, würde somit der Aspekt des Sozialkapitals, im Sinne einer gegenseitigen Unterstützungsleistung, eindeutig überschätzt werden.

Wilson et al. (2009) wählten nicht nur die Kombination von Freundesanzahl und Interaktionsfrequenz, sondern sie ermittelten, um die Daten ein möglichst objektive Grundlage zu verleihen, die Interaktion zwischen Facebook-Nutzern nicht mittels Self-Report-Daten von Befragungen, sondern sie werteten sie anhand von Daten einer Crawling Software[2] aus. Gesammelt wurden dabei jeweils die kompletten Userprofile, ebenso wie alle Kommentare auf der Pinnwand und Fotokommentare eines Nutzers. Als Hinweis für das Eintrittsdatum einer Person wurde der erste Eintrag auf der Pinnwand gewertet, da meist eine Willkommensbotschaft von einem Freund kommt. Obwohl alle Daten anonymisiert behandelt wurden, stellen sich bei derartigen Aufzeichnungsverfahren immer auch forschungsethische Fragen: Es gilt dabei abzuwägen, inwiefern der Vorteil einer vollkommen objektiven und nicht auf die Selbstwahrnehmung beschränkte Erhebung derartiger Daten größer ist, als der

[2] Mittels Crawling Software können die Aktivitäten der Nutzer automatisch gespeichert und später analysiert werden, ohne dass die Nutzer involviert sein müssen.

moralisch fragwürdige Aspekt einer unwissentlichen Beobachtung UND Aufzeichnung privater Interaktionen von Online Social Network Nutzern.

Abgesehen von derartigen forschungsethischen Überlegungen zeigte die Untersuchung von Wilson et al. jedoch sehr deutlich, dass für die Mehrheit (90%) der Facebooknutzer gilt, 20% ihrer Freunde machen 70% ihrer Interaktionen aus. Fast alle Nutzer beschränken ihre Interaktionen auf nur 60% ihrer Freunde. Dies zeigt, dass die große Mehrheit der Interaktionen zwischen einer kleinen Gruppe von Freundeslinks stattfindet. (vgl. Wilson 2009: 210)

Untersucht man den Zusammenhang zwischen Nutzern mit hohem sozialen Grad und der Nutzeraktivität zeigt sich eine starke Korrelation. Die Hälfte aller Interaktionen wird von den 10% am besten vernetzten Nutzern vollzogen. Nahezu alle Interaktionen können auf die Top 50% der Nutzer zurückgeführt werden. (Wilson et al. 2009: 211) Interessant ist dabei, dass bei zwei Dritteln (65%) der Nutzer die Interaktionen reziprok ausfallen. (Wilson et al. 2009: 213)

Diese Reziprozität der Interaktionen von Online Social Network Nutzern bestätigt sich auch in der Untersuchung von Chun et al. (2008: 58). Chun et al. analysierten anhand von Pinnwandeinträgen die Interaktionsfrequenzen zwischen den Netzwerknutzern, was sie als Aktivitätennetzwerk bezeichneten, und verglichen dieses mit dem Freundschaftsnetzwerk, das sie anhand der Freundes-Listen in den Nutzer-Profilen rekonstruieren konnten. Dabei zeigte sich, dass das Aktivitäten-Netzwerk dem Freundschaftsnetzwerk von der Struktur her sehr stark gleicht. (vgl. Chun et al. 2008: 63).

Bei den Nutzern konnten drei Typen unterschieden werden:

- Typ1: Diese Gruppe versendet und empfängt in etwa gleich viele Nachrichten im Gästebuch. (Normalnutzer)
- Typ2: Diese Gruppe sendet mehr Nachrichten als sie erhält. (Fans)
- Typ 3: Diese Gruppe erhält deutlich mehr Nachrichten als sie selbst sendet. (Promis) (vgl. Chun 2008: 63)

Bei der Untersuchung über die Nutzungs- und Interaktionsfrequenz im Zeitverlauf zeigt sich, dass die Nutzer beim Einstieg am aktivsten sind, dass sich jedoch im Laufe der Zeit der "network effect" einstellt, d.h. dass die Interaktionsraten mit der Zeit steigen, weil auch die Zahl der Freunde steigt. Dieser Anstieg der Interaktionen im Zeitverlauf zeigt sich aber vor allem bei jenen Nutzern, die bereits sehr lange bei Facebook dabei sind. Es kann daher vermutet werden, dass diese Personen ein überdurchschnittliches Interesse an Social Network Sites besitzen und sie daher auch über längere Zeit das Interesse nicht verlieren. (Wilson et al. 2009: 211)

Chun et al. untersuchten zudem, ob die Zahl der Nachrichten, die ein Nutzer schreibt, mit der Zahl seiner Freunde steigt. Sie suchten nach dem kritischen Punkt, wo die Schreibaktivitäten trotz steigender Freundeszahl nicht mehr zunehmen kann, sondern wieder zu sinken beginnen. Dieser scheint offensichtlich mit 200 Freunden erreicht zu sein, denn während bei allen Personen, die weniger als 200 Freunde haben, ein Anstieg der Freundeszahl auch einen Anstieg der Online Aktivität bedeutet, tritt dieser Effekt ab einer Freundeszahl von über 200 nicht mehr auf. (vgl. Chun 2008: 66)

Auch im Rahmen dieser Untersuchung gilt es daher zu untersuchen, inwiefern tatsächlich mit steigender Freundeszahl auch die Aktivität im Netzwerk zunimmt. Bedenkenswert ist in diesem Zusammenhang zudem die Frage nach der Richtung der Kausalität, d.h. inwiefern tatsächlich die steigende Freundeszahl zu einem längeren Verbleib im Netzwerk führt, oder aber ob umgekehrt eine intensivere Nutzung des Netzwerkes zu einer höheren Freundeszahl führt.

Abgesehen davon werden die Befunde von Wilson et al. (2009), über die unterschiedlichen Kommunikationsfrequenzen von Netzwerk-Partnern für die Konzeption der Befragung berücksichtigt und das soziale Netzwerk der Nutzer nicht insgesamt erhoben, sondern gezielt die Interaktionsformen zwischen Bezugspersonen mit enger Bindung und mit lockerer Bindung. Durch diese gezielte Einschränkung soll erreicht werden, dass konkrete Aussagen dazu gemacht werden können:

1. Inwiefern bei starken bzw. schwachen Beziehungen auch reine Online Kontakte eine Rolle spielen.
2. Über welche Kommunikationskanäle mit den genannten starken bzw. schwachen Bezugspersonen kommuniziert wird und welchen Stellenwert dabei die Kommunikation über das Online Social Network einnimmt.

4. Virtuelle Realitäten – Online Communities

Mit dem Aufkommen neuer Medien bzw. neuer Internettechnologien wurden auch stets Untersuchungen zu den (vor allem psychologischen) Auswirkungen dieser Tools auf die Nutzer durchgeführt. Dabei sind zwar die Motivation und Wirkung von Online Social Networks auf individueller Ebene bereits relativ gut erforscht, was jedoch noch Mangelware ist, ist die Untersuchung von sozialpsychologischen Aspekten, konkret zur Entstehung und Entwicklung von Gruppen und Beziehungen, die gerade im Social Web eine zentrale Rolle spielen. (vgl. Harrer et al. 2008: 308)

Dazu kommt die Tatsache, dass Online Social Networks im europäischen Raum erst seit wenigen Jahren präsent sind und erst seit kurzem den Durchbruch für breite Nutzermassen geschaffen haben, wodurch die Zahl detaillierter und vor allem langfristiger Studien zur Auswirkung der Nutzung von Online Social Networks auf real existierende soziale Netzwerke der Nutzer im europäischen bzw. deutschsprachigen Raum sehr überschaubar ist.

Anders sieht es jedoch im US-amerikanischen Raum, dem "Geburtsort" von Facebook und Co, aus. Hier wurden mittlerweile auch schon längerfristige Paneluntersuchungen mit Collegestudierenden zu ihrer Facebook-Nutzung durchgeführt. (vgl. Ellison et al. 2006, 2007; Steinfield et al. 2008) Dabei zeigte sich sehr deutlich, dass sich Online Social Networks sehr wohl positiv auf soziale Bindungen auswirken können, vor allem auf die schwachen Bindungen und besonders ausgeprägt bei Studierenden, die ein eher schwaches Selbstbewusstsein und eine eher schwache Lebenszufriedenheit aufweisen. (vgl. Ellison et al. 2006; Bargh & McKenna 2004; McKenna & Bargh 2000; Shaw & Gant 2002, Valkenburg et al. 2006)

Im deutschsprachigen Raum hat sich vor allem Axel Franzen mit den Auswirkungen der Online Kommunikation auf bestehende soziale Netzwerke beschäftigt und dazu eine breit angelegte Befragung mit Schweizer Internetnutzern und -Nichtnutzern durchgeführt. Dabei wurden ebenfalls technikkritische Stimmen zum Schweigen gebracht, indem gezeigt wurde, dass das Internet keineswegs zu einem Rückgang an Kommunikation oder der sozialen Netzwerkgröße führt. Besonders zentrale Bedeutung und deutlich positive Effekte konnte dabei vor allem der Email-Kommunikation für die sozialen Netzwerke nachgewiesen werden. (Franzen 2000: 427)

Diese Befunde widersprechen somit internetkritischen Studien, die vor allem in den Anfangsjahren des Internets durchgeführt wurden, und die in dem neuen Medium die Gefahr einer wachsenden Isolierung, Vereinsamung, einem Rückgang der Kommunikation innerhalb der Familie und damit in der Folge eine Verkleinerung des sozialen Netzwerkes sowie psychische Konsequenzen wie Depression der Online Nutzer sahen. (vgl. v.a. Kraut et al. 1998)

Franzen fasst im Rahmen seiner Analyse zunächst Gründe an, die für hinter den Annahmen negativer Auswirkungen des Internets stecken:

1. Argument: Das Internet beschleunigt den Trend moderner Gesellschaft, den Ökonomen und Soziologen als "Privatisierung in Konsum" bezeichnen. Damit ist gemeint, dass Individuen mittlerweile viele Güter für den privaten Konsum anschaffen können, die sie früher im kollektiven Gebrauch benutzt haben. Auf diese Weise werden die Möglichkeiten zur Face-to-Face-Begegnung reduziert. Bestes Beispiel dafür ist der Online Einkauf, der eine direkte Interaktion zwischen Menschen nicht mehr nötig macht, sondern bequem allein und von zuhause aus möglich ist. Gleichzeitig gehen dadurch aber auch alltägliche soziale Interaktionssituationen verloren, was durchaus auch als sozialer Nachteil gesehen werden kann (Franzen 2000: 427).

2. Argument: Der zweite Grund besteht darin, dass neue Kommunikationstechnologien Zeit in Anspruch nehmen können, die davor zum Kontakt mit anderen Menschen benutzt wurde. So kann etwa der Fall eintreten, dass Menschen, je mehr sie das Internet nutzen, desto weniger Zeit mit ihrer Familie oder Freunden verbringen, was als "privatization of leisure time" gesehen werden kann. Somit kann also auch die Freizeit zu einer immer stärker egozentrierten Umgebung mit wenigen direkten zwischenmenschlichen Kontakten werden (Franzen 2000: 428; Franzen 2003: 342).

Franzen widerlegt aber diese Gründe sofort wieder, indem er mehrere Aspekte der positiven Auswirkungen des Internets auf das Sozialleben anführt:

1. Argument: Dank dem Internet können vielfältige Aufgaben nun einfacher

und zeitsparender erledigt werden, sodass mehr Zeit bleibt, um mit Familienangehörigen oder Freunden Zeit zu verbringen. Als Beispiel führt Franzen hier das im obigen Kontext noch als negativ bewertete Onlineshopping an, das den Gang ins Geschäft unnötig macht und dadurch Zeit spart, die eben zur direkten Interaktion innerhalb von Familie oder Freundeskreis genutzt werden kann.

2. Argument: Das Internet kann auch eine neue Form der Arbeit ermöglichen, sodass auch von Zuhause aus gearbeitet werden kann und auf diese Weise die gemeinsame Zeit mit der Familie allein auf Grund des Wegfalls des Arbeitsweges ausgeweitet werden.

3. Argument: Das Internet ermöglicht somit insgesamt mehr zeitliche Flexibilität, was wiederum die Kontakte mit Personen aus dem sozialen Netzwerk erleichtern kann. Arbeiten sind teilweise nicht mehr an den Bürostandort bzw. die Büroöffnungszeiten gebunden, wodurch die zeitliche Einteilung von Privatleben und Beruf etwa flexibler gestaltet werden kann.

4. Argument: Das Internet ist ein sehr günstiges und vor allem schnelles Medium für die Kommunikation mit entfernten Familienmitgliedern oder Freunden. Zudem ermöglicht es eine Kommunikation, die nicht nur raumunabhängig sondern durchaus auch zeitversetzt erfolgen kann. Ist etwa ein Telefonat oft aufgrund unterschiedlicher Zeitzonen zwischen entfernt lebenden Bezugspersonen nur schwierig zu realisieren, kann die computervermittelte Kommunikation zeitversetzt und nach den individuellen Lebensrhythmen durchgeführt werden. (vgl. Franzen 2000: 428; Franzen 2003: 342)

Das Fazit von Franzen fällt demnach folgendermaßen positiv aus:

> *"... the Internet has no negative effects on people's social networks. Thus, respondents who have used the Internet for a longer time period have the same number of close friends and spent as much time socializing with them as people who have used the Internet only for a short period." (Franzen 2000: 435)*

Diese Widerlegung der angeführten negativen Auswirkung wurde auch von Kraut et al. (2002) in einer Nachfolgestudie festgestellt. Hier zeigten sich deutlich positive Effekte der Internetnutzung auf die soziale Kommunikation. Jene, die häufiger das Internet nutzten, berichteten nach einem Jahr nicht nur von einer deutlich höheren Steigerung ihres lokalen und distanzierten Freundes- und Bekanntenkreis, sondern auch der unmittelbaren Face-to-Face-Interaktion mit Freunden und Familienangehörigen. (Kraut et al. 2002)

Auch Katz/Rice/Aspden (2001) konnten zeigen, dass Langzeit-Internet-Nutzer mehr Freunde haben als Nicht-Nutzer. Ähnlich berichten Howard et al. (2001) von größeren Netzwerken der Internetnutzer und einer besseren Verbindung zu Familie und Freunden als Nicht-Nutzer.

Im Rahmen meiner Untersuchung werden Teile der erwähnten amerikanischen Paneluntersuchung von Collegestudierenden über ihre Facebook-Nutzung sowie die Untersuchungen im deutschsprachigen Raum zur Internetnutzung aufgegriffen und versucht sie für die allgemeine, d.h. nicht ausschließlich studentische, Bevölkerung im deutschsprachigen Raum in Hinblick auf die Nutzung von Online Social Networks zu adaptieren. Auf diese Weise soll eine Vergleichbarkeit der Erkenntnisse ermöglicht werden. Zudem ist durch den Einsatz bereits bewährter Itembatterien eine möglichst hohe Reliabilität sichergestellt, die ein Qualitätskriterium jeder empirischen Studie darstellen sollte.

Erweitert wird die Untersuchung durch die Frage, wie sich die Nutzung unterschiedlicher Informations-, Kommunikations- und Unterhaltungstools von Facebook auf unterschiedliche Beziehungsformen auswirkt. Werden gewisse Tools nur für die Kommunikation mit eher lockeren Bekannten (weak ties) genutzt, während mit den engen Freunden (strong ties) eher eine direkte Face-to-Face Kommunikation bevorzugt wird? Kann die Nutzung gewisser Informationstools den Kontaktaufbau bzw. die -intensivierung zu Fremden bzw. bisher noch wenig bekannten Personen fördern?

Zunächst gilt es jedoch einige zentrale Begrifflichkeiten zu klären und aufzuzeigen, welche unterschiedlichen Beziehungs- bzw. Bindungsformen in der virtuellen Realität zu finden sind. Dies wird in Form von theoretischen und begrifflichen Klärungen geschehen, die durch vorliegende Forschungsbefunde zu den konkreten Themenbereichen praktisch ergänzt werden.

4.1. Virtuelle Realitäten vs. Real Life

Der Begriff der virtuellen Gemeinschaft ("virtual community") geht v.a. auf den US-amerikanischen Wissenschaftsjournalisten Howard Rheingold zurück, der in seiner Studie "Virtuelle Gemeinschaften. Soziale Beziehungen im Zeitalter des Computers" (Rheingold 1994) den Menschen als den eigentlichen Träger der modernen Kommunikationstechnologien in den Vordergrund stellte. Er versuchte zu zeigen, wie über computervermittelte Kommunikation virtuelle Gemeinschaften konstruiert werden, die sich durch eine eigene Kultur auszeichnen können und oft ein engmaschiges soziales Netz aufweisen. Grundsätzlich definiert Rheingold virtuelle Gemeinschaften als eine Anzahl von Mitgliedern computervermittelter sozialer Gruppen:

"Virtuelle Gemeinschaften sind soziale Zusammenschlüsse, die im Netz entstehen, wenn genug Leute diese öffentlichen Diskussionen lange genug führen und dabei ihre Gefühle einbringen, sodass im Cyberspace ein Geflecht persönlicher Beziehungen entsteht." (Rheingold 1994: 16)

Der Cyberspace bietet diesen virtuellen Gemeinschaften den Raum zur gemeinsamen Diskussion bzw. der Entwicklung sozialer Geflechte.

Van Dijk streicht vor allem die Unabhängigkeit von Raum und Zeit hervor, wenn er virtuelle Netzwerke als "associations of people not tied to time, place and other physical or material circumstances, other than those of the people and media enable them" definiert. (van Dijk 1999: 159)

Virtuelle Gemeinschaften können als eigener Typus der Gemeinschaft verstanden werden, was zu unterscheiden ist von der "Virtualisierung von (zuvor offline existenten) Vergemeinschaftungen" ist. (Deterding 2009: 116)

Diese virtuellen Gemeinschaften sind nämlich im Gegensatz zu realen Gemeinschaften sehr dynamisch und veränderbar, sodass sich die Form einer Community nie aus den vorherigen Bestandteilen vorhersagen lässt, wodurch sie auch als "aushandelnde Kommunikationsprozesse" verstanden werden. Dies ist dadurch begründet, da die virtuellen Gemeinschaften auf keine realen Kontakte angewiesen seien, keine direkten Interaktionen verlangen, sodass der Möglichkeit eine Gemeinschaft zu verlassen mit wenig Aufwand bzw. ohne große soziale Schuldgefühle möglich ist. Dies bedeutet jedoch nicht, dass die virtuellen Gemeinschaften nur sehr einfach strukturierte soziale Gefüge sind, im Gegenteil:

"VC (Virtual communities) sind hoch dynamische Gebilde, die binnen kürzester Zeit Konventionen ausbilden, reproduzieren, herausfordern und transformieren." (Deterding 2009: 118; vgl. auch: van Dijk 1999: 159)

Als Differenzierungsmerkmale zwischen realen und virtuellen Gemeinschaften lassen sich daher folgende Punkte festhalten: Eine reale Gemeinschaft ist eine relativ stabile Einheit mit vielen kurzen und überlappenden Kommunikationslinien und gemeinsamen Aktivitäten.

Virtuelle Gemeinschaften sind hingegen eine loser Zusammenschluss von Menschen, der jederzeit wieder auseinander fallen kann. Einer Gemeinschaft im Internet beizutreten, ist ein einfacher und unkomplizierter Schritt, ebenso wie das Austreten aus dieser. Virtuelle Gemeinschaften werden rund um gemeinsame Interessen oder Aktivitäten aufgebaut, aus diesem Grund werden sie auch "communities of interest" genannt. (van Dijk 1999: 160)

Rheingold sieht darin in erster Linie eine neue Chance für soziale Gefüge, während andere Autoren darin wiederum eine Gefahr für bestehende soziale Beziehungen sehen, indem durch den virtuellen Raum realer Raum für reale Kontakte verloren geht. Dies wird als Reaktion auf den Bedeutungsverlust traditioneller sozialer Bindungen gesehen, indem durch die virtuellen Kontakte fehlende reale Kontakte und Gemeinsamkeiten substituiert werden. Virtuelle Gemeinschaften ermöglichen zudem die Kontaktaufnahme und -pflege über die Grenzen von Verwandtschaft und räumlicher Nachbarschaft hinaus, was gerade auch im Rahmen von Online Social Networks von zunehmender Bedeutung ist. (vgl. Bühl 1997: 29) Die Bildung sozialer Netzwerke kann somit schneller, einfacher und von gesellschaftlichen Schranken befreit stattfinden, was gerade für eher zurückhaltende oder gehemmte Personen von Vorteil sein kann.

Neben neuen Möglichkeiten zur Bildung sozialer Gemeinschaften ermöglicht das Internet auch neue Formen der Identitätsbildung. In den „virtual communities" interagieren mehr oder weniger „virtual identities" miteinander. Durch die fehlende direkte Präsenz der Kontaktpersonen besteht hier sogar die Möglichkeit vollkommen neue Identitätsaspekte „auszutesten", was im realen Kontakt aufgrund gewisser Vorerwartungen und Einschätzungen in dieser Form nicht möglich wäre.

Von Kardorff fasst die Entwicklungen im Rahmen der fortschreitenden Verbreitung von modernen Kommunikationsmedien wie dem Internet folgendermaßen zusammen:

- Es kommt zu einer Veränderung von Erfahrungsweisen und Identität, indem plötzlich erweiterte Spielräume zur Identitätsdarstellung vorhanden sind. Das Gleiche gilt für Wahrnehmungs- und Konstruktionsweisen von Welterfahrung. Darüber hinaus kommt es zu einer Konstruktion virtueller Realitäten, die ohne fassbares Gegenüber existieren und in denen trotzdem Kommunikation funktioniert.
- Es kommt zu einer Veränderung auf der Ebene der Sozialintegration, bei

der Gestaltung kommunikativ-interaktiver Beziehungen im Netz, in der Realwelt und im Übergang zwischen beiden.

- Es kommt auch auf der Ebene der gesellschaftlichen Teilhabe zu einer Veränderung, indem die Frage nach Zugang oder Ausschluss von virtuellen Netzwerken, auch über die digitale Spaltung, d.h. mangelnde technische Zugangsmöglichkeiten bedingt ist. (vgl. Von Kardorff 2006: 68)

Zusammenfassend lässt sich also festhalten, dass durch das Internet einerseits neue Möglichkeiten der Identitätskonstruktion, andererseits aber auch neue Formen der Vergesellschaftung bzw. sozialen Interaktion möglich wurden, was sich auch auf den Aufbau und die Pflege von sozialen Beziehungen im "real life" auswirkt.

Inwiefern sich aber die durch das Internet verwirklichten neuen Möglichkeiten zu Kontaktaufbau und -pflege mit entfernt lebenden Personen als Gefahr oder aber eine Bereicherung für die sozialen Netzwerke der Nutzer gesehen werden, soll im Rahmen dieser Untersuchung hinterfragt werden.

Studien dazu liegen nahezu ausschließlich aus dem US-amerikanischen Raum vor, wie etwa die Studie des PEW Internet Projekts, bei dem der Frage nachgegangen wurde, ob das Internet sich positiv oder negativ auf bestehende Bindungsstrukturen auswirkt bzw. welches Potential es für den Aufbau neuer Bindungen beinhaltet. Dabei zeigte sich vor allem die durch das Internet gegebene Möglichkeit Beziehungen sozial und geographisch auszuweiten. Als Fazit hielten Wellman et al. (2006: 3) fest, dass die sozialen Gemeinschaften durch das Internet nicht verschwinden, sondern dass sie sich verändern:

> *"The traditional human orientation to neighborhood- and village-based groups is moving towards communities that are orientated around geographically dispersed social networks." (Wellman et al. 2006: 3)*

Die Beziehungsnetze der Menschen beinhalten dabei weiterhin zu einem wichtigen Teil Verwandte oder Nachbarn, die die traditionelle Basis der Gemeinschaft darstellen, darüber hinaus gewinnen aber auch Freunde und Arbeitskollegen innerhalb der Netzwerke an Bedeutung.

Bei der Erhaltung dieser vielfältigen Netzwerkbeziehungen spielt das Internet und hier vor allem auch die Kommunikation über Email eine wichtige Rolle.

Diese computervermittelte Kommunikation verdrängt dabei nicht andere Kommunikationsformen, sondern fügt sich vielmehr problemlos in bestehende traditionelle Kommunikationsmuster. Das Internet erleichtert dabei aber vor allem die Kontaktpflege mit entfernt lebenden Personen. Es zeigt sich insgesamt das Phänomen der "media multiplexity", d.h. je mehr Menschen mit anderen Personen auf herkömmlichem Wege, wie etwa dem Telefon kommunizieren, desto mehr nutzen sie auch das Internet als Kommunikationsmittel. (vgl. Wellman et al. 2006: 3f)

Wichtig ist an dieser Stelle der Hinweis, dass soziale Online Networking Sites keineswegs mit der klassischen Definition von virtuellen Gesellschaften gleichzusetzen sind, sondern sich meist in einem Zwischenbereich befinden, zwischen einem einerseits bereits real existierendem sozialen Netzwerk, das offline entstanden ist und auch offline gepflegt wird, lediglich mit Ergänzung durch online Interaktion, und den andererseits tatsächlich online entwickelten Beziehungen, die jedoch ebenfalls häufig vom reinen Online-Status früher oder später in eine direkte Interaktion im realen Leben übergehen. Aus diesem Grund sollen in der Folge die Formen sozialer Netzwerke im virtuellen Raum näher beleuchtet werden.

4.2. Netzwerke im virtuellen Raum

Ähnlich wie im realen Leben, so existieren auch in der Online-Welt unterschiedliche Formen gesellschaftlicher Netzwerke. Je nach dem Grad der Zugehörigkeit, der Teilnehmeranzahl und Art der Wechselseitigkeit können folgende virtuelle Netzwerke unterschieden werden (vgl. Von Kardorff 2006: 74):

Personal Communities: Hier handelt es sich um ego-zentrierte Netzwerke, d.h. um Netzwerke in denen das Individuum im Mittelpunkt steht und in denen Kontakte zu Verwandten, Freunden, Arbeitskollegen etc. gepflegt werden, was sich meist durch bilaterale Beziehungen auszeichnet.

Group Communities: Hier kennen sich die Teilnehmer entweder persönlich oder über die gleichen Adressen. Gemeinsam schreiben sie mit ihren Aktivitäten eine Kommunikationsgeschichte, fühlen sich mit der Zeit verbunden, indem sich nach und nach ein ursprünglich gemeinsames Sachinteresse in ein gegenseitiges Personeninteresse verwandelt.

Virtuelle Gemeinschaften zeichnen sich vor allem durch die kontinuierliche Nutzung von Kommunikationsräumen aus, durch die diese Vergemeinschaftung überhaupt erst möglich ist. Charakteristisch ist die multilaterale, regelmäßige und zeitlich relativ stabile Kommunikationsform (vgl. Fremuth/Tasch 2002: 17)

virtuelle Gruppen: Sie sind die verbindlichste Form von Online Netzwerken, da sie durch klare Außengrenzen festgelegt sind und feste Mitgliedschaftsregeln besitzen. Die Mitglieder pflegen multilaterale, multiplexe Beziehungen und bilden ein Gefühl der Zusammengehörigkeit aus. (vgl. Thiedke 2003; Wellmann 1996)

Was aber sind virtuelle Netzwerke? Von Kardorff übernimmt die Minimaldefinition von Fremuth/Tasch (2002: 5): Virtuelle Netzwerke sind demnach "Gruppen von Personen, die (...) über elektronische Medien kommunizieren und interagieren". Online Social Networks stellen in diesem Zusammenhang noch eine Sonderform der virtuellen Netzwerke dar, wie in der Folge gezeigt wird.

4.3. Was sind Online Social Networks?

Die Definitionsversuche von Online Social Networks sind beinahe so vielfältig, wie die individuellen Strukturen personeller sozialer Netzwerke an sich. Aus der Vielzahl an Definitionen soll zunächst jene von boyd und Steinfield (2007) herausgegriffen werden, da sie die drei zentralen Funktionen dieser Netzwerke sehr gut zusammenfasst: Online Social Networks sind demnach

> *"web-based services that allow individuals to (1) construct a public or semi-public profile within a bounded system, (2) articulate a list of other users with whom they share a connection, and (3) view and traverse their list of connections and those made by others within the system."* (boyd & Steinfield 2007: 211)

Mit der fortschreitenden Verbreitung von Netzwerken auch im Onlinebereich, stellt sich gerade für die Sozialwissenschaften die Frage, inwiefern sich durch diese (teilweise) und zunehmende Verlagerung bzw. Adaptierung von sozialen Netzwerken in die virtuelle Welt die Gesellschaft verändern wird.

Einer der wohl bekanntesten Theoretiker, der sich mit dieser Frage schon früh auseinandergesetzt hat, ist Manuel Castells (1996), der die Entwicklung der Weltgesellschaft als Netzwerkgesellschaft thematisiert hat. Er geht davon aus, dass es durch die Ausbreitung und intensivere Nutzung moderner Kommunikationsmittel zu einem Bedeutungsverlust des Lokalen kommen werde, weil der ortslose virtuelle Raum diese Funktion übernimmt. Zudem würden kulturelle Traditionen von neuen technischen Mittel und den damit verbundenen neuen Konventionen überlagert und somit neue Sinnprovinzen erstellt. (vgl. Von Kardorff 2006: 66)

Andere Autoren wie etwa Bühl (2000) sprechen daher auch von einer neuen Qualität der Vergesellschaftung, die im virtuellen Raum vor sich geht. Durch welche charakteristischen Funktionen zeichnen sich jedoch diese Online Social Networks genau aus?

4.3.1. Die Funktionen von Online Social Networks

Richter/Koch gingen der zentralen Frage nach, welche Funktionen Social-Networking Dienste im Internet für ihre Nutzer erfüllen können. Dabei verstehen sie unter Social-Networking-Dienste Anwendungssysteme, "die ihren Nutzern Funktionalitäten zum Identitätsmanagement (d.h. zur Darstellung der eigenen Person i.d.R. in Form eines Profils) zur Verfügung stellen und darüber hinaus die Vernetzung mit anderen Nutzern (und so die Verwaltung eigener Kontakte) ermöglichen" (Richter/Koch 2008: 1240)

Folgende sechs Funktionalitätsgruppen von Social-Networking Diensten werden dabei aufgezeigt:

- *Identitätsmanagement*: Möglichkeit sich selbst darzustellen und somit bewusst und kontrolliert persönliche Daten einer breiten Masse vorzustellen.
- *(Experten-)Suche:* Möglichkeit zur Wissenssuche und Nutzung dessen.
- *Kontextawareness* (Kontext/Vertrauensaufbau): Aufbau von Vertrauen und Herstellung eines gemeinsamen Kontexts als zentraler Bestandteil menschlicher Beziehungen.
- *Kontaktmanagement:* Pflege der persönlichen Kontakte innerhalb des Netzwerkes, mittels Erstellen von Freundeslisten, Austausch von Kontaktdaten etc.
- *Netzwerkawareness:* Informatiertsein über Aktivitäten im eigenen Netzwerk.

- *gemeinsamer Austausch:* Möglichkeit zur Kommunikation der Netzwerkmitglieder, mittels email-ähnlicher Nachrichten, Chatfunktion oder aber die Kommentierung von Pinnwand-Einträgen. (Richter/Koch 2008: 1242ff)

Ähnliche Strukturierung konnten auch Ploderer et al. (2008) in ihrer Untersuchung zu einem Online Social Network für Bodybuilder nachweisen. Das Online Social Network erfüllt für die Sportler drei Funktionen, wie Ploderer et al. Zeigen konnten:

- Die Menschen nutzen das Netzwerk um ihre Möglichkeiten zu erweitern (Wissen, Information, Fortschrittsbeobachtung etc.)
- Das Social Network dient als „Theater" (vgl. Goffman 1983/1996), zur Selbstpräsentation und um Bestätigung für die eigenen Leistungen zu bekommen.
- Menschen nutzen Social Networks um neue Beziehungen mit Menschen aufzubauen, die sie nur über das Online Netzwerk kennen. (Ploderer 2008: 340)

Grundsätzlich funktionieren somit alle Online Social Networks nach einem ähnlichen System: Nutzer legen ein persönliches Profil von sich an, machen eine Selbstdarstellung mit Fotos, Personendaten, Interessen und einem Vorstellungstext. Danach können sie Bekannte und Freunde als "Freunde" zu ihrem Netzwerk hinzufügen bzw. zu ihrem Netzwerk einladen. In der Folge können die Aktivitäten der "Freude" innerhalb der sozialen Netzwerk-Seite mitbeobachtet und kommentiert werden. (vgl. Deterding 2009: 123) Darüber hinaus stehen dabei als Kommunikationstools auch noch Email-ähnliche Messagesysteme zur zeitversetzten Interaktion sowie meist ein Chattool zur synchronen Online Kommunikation zur Verfügung.

Thiedke streicht die Bedeutung dieser technischen Interaktionsmöglichkeiten für den Aufbau virtueller Vergemeinschaftung heraus: "Die interaktionsmedialen Möglichkeiten zur Selbstdarstellung persönlicher Meinungen und zur Selbstpräsentation individueller Beiträge, zu deren Bewertung durch viele andere sowie zu deren automatischer Verknüpfung begünstigen eine Kommunikationsstruktur gruppierter Ähnlichkeiten, auf der virtualisierte Vergemeinschaftung aufbauen kann." (Thiedke 2008: 48)

4.3.2. Nutzertypologie im Social Web

Gerhards et al. (2008) gingen der Frage nach, welche Nutzertypologien sich im Social Web zeigen können. Sie konstruierten die Typologie entlang zweier Dimensionen: den Gestaltungsgrad und den Kommunikationsgrad.

Die Dimension des Gestaltungsgrades erstreckt sich laut Gerhards et al. (2008: 131) „von rein ‚betrachtender Nutzung' des Internets, bei der die Nutzer Webangebote passiv nutzen, ohne selbst Content zu produzieren, bis hin zur ‚gestaltenden Nutzung', bei der Nutzer als Herausgeber von Inhalten agieren".

Als zweite Dimension gibt es zudem den „Kommunikationsgrad", d.h. die Möglichkeit zur öffentlichen und vernetzten Kommunikation, wobei sich die Pole hier von „individueller Kommunikation" bis hin zur „öffentlichen Kommunikation" erstrecken. Individuelle Kommunikation ist etwa das Schreiben von Emails, öffentliche Kommunikation hingegen zum Beispiel Webloggs. (vgl. Gerhards 2008: 131)

Anhand von Experteninterviews und Fokusgruppen wurde eine Typologie der Web 2.0 Nutzer entwickelt, die entlang dieser beiden Dimensionen „individuelle vs. öffentliche Kommunikation" und „aktive vs. passive Partizipation" ausgerichtet ist.

Dabei wurden folgende Typen entwickelt:

- *Produzenten*: sind Nutzer, denen es in erster Linie darum geht, Inhalte zu veröffentlichen. Kommunikation und Vernetzung ist ihnen nur insofern wichtig, als dass es dabei um die Verbreitung ihrer Werke geht.
- *Selbstdarsteller*: geht es ebenfalls in erster Linie um das Veröffentlichen von Inhalten, nur steht dabei kein künstlerisches Produkt im Mittelpunkt, sondern die Darstellung der eigenen Person. (v.a. Weblogs)
- *Spezifisch Interessierte*: nutzen die Partizipationsmöglichkeiten des Web 2.0 für ganz bestimmte Interessen oder Hobbys. Sie nutzen sowohl die Möglichkeiten zur Mitgestaltung als auch zur Kommunikation mit anderen Interessenspartnern.
- *Netzwerker*: nutzen das Web 2.0 am stärksten zum Austausch mit anderen Menschen, zum Aufbau neuer Kontakte. (v.a. Social Networking Sites)
- *Profilierte Nutzer:* schöpfen die Möglichkeiten zur Mitgestaltung und Kommunikation im Netz vollständig aus. Sie nutzen das Internet zur

Selbstdarstellung, um mit anderen Menschen in Kontakt zu kommen oder zu bleiben und um Inhalte zu veröffentlichen. (v.a. Blogs)

- *Kommunikatoren*: nutzt das Web 2.0 vor allem zur Kommunikation und nicht in erster Linie zur Veröffentlichung von Inhalten. Die Kommunikation dient ihnen dabei aber nicht in erster Linie dazu, andere Menschen kennenzulernen, sondern sie suchen einen kommunikativen Austausch über bestimmte Themen. Häufig beteiligten sie sich mit Kommentaren an öffentlichen Diskussionen.
- *Infosucher*: sie nutzen das Internet nicht kommunikativ oder gestaltend sondern rein betrachtend.
- *Unterhaltungssucher*: hier stehen im Gegensatz zu den Infosuchern die Unterhaltungsaspekte im Mittelpunkt. (Gerhards 2008: 140ff)

Ein weiterer Versuch zur Typisierung von Social Web Nutzer, die sich zwar auf Podcaster beschränkt, aber deren Ergebnisse durchaus auch auf andere Formen des Social Web, wie etwa Online Social Networks übertragbar sind, stammt von Mocigemba (2006, 2007). Er unterschied die Podcaster anhand ihrer Sendemotivationen und stellt dabei folgende Typen auf:

- *Explorer*: den v.a. die Neugier antreibt, die neue Technologie auszuprobieren und zu verstehen
- *ThemenCaster*: der anderen nützliche Informationen zu einem Thema anbieten will
- *Rebell*: der eine Art virtuelle Speaker´s Corner darstellt und Möglichkeit bietet seine Meinung oder Protest zu artikulieren
- *Personality Prototyper*: der über den Podcast vor Publikum neue Rollen ausprobiert
- *Social Capitalist*: der über Podcasting neue Kontakte und Beziehungen aufbauen will, die ihm vielleicht einmal nützlich sind
- *Social Gambler*: für den Podcasts ein virtuelles Spiel mit seiner sozialen Umwelt ist, die er unterhalten will. (Mocigemba 2006, 2007)

Auch im Bereich der Webblogger wurden bereits Typisierungsversuche vorgenommen, die ebenfalls als Vergleichsfläche für die Einteilung der Online Social Net Nutzern dienen kann. Susanne Krauss hat etwa anhand der unterschiedlichen Beziehungs- und Kontaktformen, die sich über Weblogs entwickeln können, folgende drei Nutzertypen festgestellt:

- *Die privaten Netzwerker*: Sie nutzen die Blogs primär dazu, um bereits existierende Beziehungen auf einer breiten Kommunikationsebene zu stärken und zu erhalten. Neue virtuelle Kontakte bleiben eher flüchtig und sind als weak ties zu bezeichnen. Sie entstehen in erster Linie durch gleiche Interessen und sind als themenorientierte Kontakte zu bezeichnen.
- *Die professionellen Netzwerker*: Sie sind weitaus stärker in virtuellen Beziehungen eingebettet, wobei diese auch durch Verbindlichkeit und einem dauerhaft bilateralen Charakter ausgezeichnet sind. Es handelt sich dabei nicht um „strong ties", aber durchaus um bedeutsame Kontakte zu unterschiedlichsten Berufsfeldern und Hintergründen. Die professionellen Netzwerker nutzen die einzelnen Kontakte gezielt, um an spezifische Informationen zu kommen und Unterstützung zu erlangen.
- *Die spezialisierten Netzwerker*: Ihre sozialen Netzwerke haben doppelte Relevanz: einerseits ermöglichen die vielen losen virtuellen Kontakte, den Zugriff auf vielfältige Informationen, andererseits werden gezielt Kontakte zu Kollegen aufgebaut, die beruflich neue Optionen eröffnen bzw. Zusammenarbeiten koordiniert können. (Krauss 2008: 343f)

4.3.3. Auswirkungen virtueller Vergemeinschaftung auf reale Netzwerke

Grundsätzlich bleibt dabei die Frage, wie sich diese neuen Netzwerke entwickeln bzw. in welcher Form sie auftreten, und ob sie bestehende soziale Netzwerke verändern (können). Sind virtuelle Netzwerkbeziehung eine Gefahr für bestehende Beziehungen oder aber eine Bereicherung?

Van Kardorff merkt dazu folgendes an:

"Für eine Analyse des Verhältnisses von sozialen Beziehungen im Netz und in der realen Welt ist festzuhalten, dass soziale Beziehungen im Netz eine neuartige Option für zusätzliche und hoch selektive - individuell spezifiziert adressierte - Kommunikation darstellen und darüber hinaus viele virtuell geknüpften und gepflegten Netzbeziehungen in bestehende soziale Netze von Nachbarschaften, Freunden, Vereinsmitgliedern, usw. eingebunden sind." (Von Kardorff 2006: 78)

Er spricht damit schon sehr deutlich an, dass es eben keine klare Trennung zwischen virtueller und realer Welt gibt, sondern dass sich diese beiden Bereiche sehr häufig überlagern bzw. ineinander übergehen. Wellman/Hogan (2004: 4) formulieren dies folgendermaßen: "online communications have become - and probably always were - immanent part of the real world". Das Internet ist somit heutzutage zu einem Teil des täglichen Lebens geworden, die Menschen integrieren die neue Kommunikations- und Informationstechnologie wie selbstverständlich in alltägliche Aktivitäten, sie werden zu einer Ergänzung der direkten Face-to-Face-Kommunikation mit anderen Menschen. (Wellman et al. 2006:3)

Park und Floyds (1996) gingen in einer Untersuchung von Newsgroup-Nutzer der Frage nach, wie häufig diese computervermittelte Kommunikationsform tatsächlich zum Aufbau sozialer Kontakte führt. Im Rahmen dieser Erhebung gaben nahezu zwei Drittel der Nutzer an, dass sie tatsächlich persönliche Beziehungen über die Newsgroup geknüpft haben, mit Personen, die sie ursprünglich im Internet kennengelernt hatten. (Parks/Floyd 1996: 86) Es zeigt sich zudem, dass Frauen signifikant häufiger online Bekanntschaften knüpfen als Männer. Alter bzw. Beziehungsstatus hatten hingegen keinerlei Einfluss. Der beste Prädiktor für die Bildung von Online-Beziehungen ist die Dauer und die Häufigkeit der Teilnahme in den Newsgroups. Je länger Personen, die Newsgroup bereits nutzten und je intensiver sie dies taten, desto häufiger hatten sie auch bereits Online-Beziehungen geknüpft. (Parks/Floyd 1996: 86)

4.3.4. Von der Gemeinschaft zum "networked individualism"

Neuen Medien wird bei ihrer Einführung oft nachgesagt, dass sie die Gesellschaft verändern würden. So wurde auch das Internet als Anstoß für eine gesellschaftliche Veränderung gesehen, Stichworte wie die "Netzwerkgesellschaft" wurden genannt, das Internet als Motor für eine zunehmende Globalisierung, Individualisierung und Virtualisierung angesehen. Dabei wird jedoch keineswegs beachtet, dass die Kausalität dieser Entwicklung, die berühmte Frage nach dem "was war zuerst da?" keineswegs klar zu beantworten ist. Somit könnte durchaus auch die Sichtweise vertreten werden, dass das Internet keine neue gesellschaftliche Entwicklung herbeigeführt , sondern lediglich den seit den 1960er Jahren bestehenden Trend zu einer zunehmenden Spezialisierung, Aufspaltung und schwächeren Bindung bestehender Netzwerke beschleunigt hat, sodass es schließlich zu einem "vernetzten Individualismus" (networked individualism") gekommen ist. (vgl. Von Kardorff 2006: 80) Dieser vernetzte Individualismus zeigt sich aber nicht nur Online sondern durchaus auch in der Face-to-Face-Interaktion. Als Beispiel führt Von Kardorff den Trend zur multilokalen Familie, zu ausbildungsbedingter oder beruflicher Mobilität an. (vgl. Von Kardorff 2006: 80)

Thiedke geht sogar so weit, dass er im Zeitalter computervermittelter Kommunikation, den alten Gemeinschaftsbegriff für nicht mehr zulässig hält: "Virtualisierte Vergemeinschaftung erscheint dagegen als eine spezifische Antwort der Vergesellschaftung auf spezifische gesellschaftliche Kommunikationsbedingungen." (Thiedke 2008: 68)

Auch Wellman spricht daher von einer Veränderung in Richtung individueller Gemeinschaften ("personal communities") (Wellman/Boase 2004), die jedoch keineswegs ausschließlich durch das Internet hervorgerufen wurde. Das Internet unterstützt vielmehr gewisse gesellschaftliche Trends und stellt dafür die notwendige kommunikative Infrastruktur zur Verfügung, wie Von Kardorff implizit anspricht:

"Schnelligkeit und Leichtigkeit der Kommunikationstechnologien führen dazu, dass Beziehungen sich von 'door-to-door-Kontakten' in Richtung 'place-to-place' oder zu 'person-to-person' Kontakten entwickeln." (Von Kardorff 2006: 79)

Wichtiges Merkmal aller online Netzwerke ist zudem, dass sie nicht mehr auf einen konkreten öffentlichen Raum angewiesen sind, sondern die sozialen Beziehungen oft vom eigenen Schreibtisch aus gepflegt und News- oder Chatgruppen selbst zum sozialen Treffpunkt werden.

Genau dieses Charakteristikum hat dem Internet aber auch die Kritik eingebracht, dass es zur Vereinzelung und Entsolidarisierung führe, was jedoch in neueren Studien zur Online Nutzung und sozialen Kontakten nicht bestätigt wird. Im Gegenteil, Online Social Networks bieten Menschen, die bei realen Kontakten Probleme auf Grund von Schüchternheit, geringem Selbstvertrauen oder Ängsten haben, neue Möglichkeiten mit neuen Personen in Kontakt zu kommen, Interaktion auf diese Weise zu trainieren und das Internet gezielt für soziale Zwecke zu nutzen. (Amichai-Hamburger/Ben Artzi 2003; Mesch/Talmud 2006: 30)

Auch Wellman/Haythonthwaite (2001: 4) resümieren dies: "The internet is not destroying community but it is responding to, resonating with, and extending the types of community that have already become prevalent in the developed Western world: for local and distant ties, strong and weak ties, kin and friends."

Oder um es mit den Worten von Deterding auszudrücken: "Virtuelle Communities verdrängen dabei lokale soziale Netze von Familien, Kollegen, Peer Groups nicht, sondern werden von diesen willig aufgegriffen - erleichtern sie doch den Alltag unter ebenjenen Bedingungen mobiler Globalität, die sie zugleich fördern." (Deterding 2009: 129)

4.3.5. Die Qualität von Online-Beziehungen

Eine vieldiskutierte Frage ist auch ein "Qualitätsvergleich" zwischen Online- und Offline-Kontakten.

Frühe Untersuchungen zum Zusammenhang zwischen Internet und der Stärke der sozialen Bindungen hoben oft die "reduced social cues perspective" hervor, bei der davon ausgegangen wird, dass die computervermittelte Kommunikation im Vergleich zur Face-to-Face-Interaktion im Austausch von vor allem nonverbalen Kommunikationsmitteln deutlich beschränkter ist und sich daher schlechter für emotionale Unterstützung, die Vermittlung komplexer Informationen und einem Gefühl für soziale Anwesenheit eignet. Aus diesem Grund wurde computervermittelte Kommunikation als wenig geeignet für die Unterstützung starker Bindungen gesehen (vgl. et al. Daft/Lengel 1984, Kiesler/Siegal/McGuire 1984, Mesch/Talmud 2006: 31, van Dijk 1999: 160)

Online Beziehungen wurden oft als unpersönlich, oberflächlich und oft feindselig abgestempelt. Zudem könne im Cyberspace immer nur eine Illusion von Gemeinschaft entstehen aber nie Gemeinschaft im eigentlichen Sinne. (Beninger 1987, Berry 1993)

So wurde auch gezeigt, dass in Studien Online-Nutzer ihre Offline-Bekannte häufiger als persönlich nahestehend ansehen als ihre Online-Partner. Die "strong ties" werden somit nach wie vor in erster Linie im realen Leben gebunden und gepflegt. (vgl. Von Kardorff 2006: 79)

Andererseits spricht das Konzept der "weak ties" (Granovetter 1973) auch dafür, dass schwache Beziehung im virtuellen Raum sehr gut gepflegt werden können. Vor allem für die Kontaktaufnahme mit bisher fremden Personen eignet sich die Onlinekommunikation, indem das mit der Kontaktaufnahme von bisher fremden Personen verbundene Risiko (Abweisung, mögliche gefährliche, unehrliche Personen etc.) deutlich reduziert wird. (Rice/Love 1987; Sproull/Kiesler 1986)

Eine etwas andere Sichtweise vertreten Konstruktivisten, die in der computervermittelten Kommunikation auch große Potentiale für den Aufbau von starken Bindungen sehen, nämlich gerade für Menschen, die schüchtern sind, soziale Ängste haben oder einsam sind. (Joinson 2001; McKenna et al. 2002) Diese Annahme kann zudem dadurch unterstützt werden, dass enge soziale Beziehungen nur zwischen Individuen mit ähnlichen Interessen und Einstellungen entstehen können (Popielarz 2000 zit. in. Mesch/Talmud 2006: 32) und hier das Internet das Auffinden von Personen mit ähnlichen Interessen, unabhängig davon, wo diese Personen geographisch verteilt leben, enorm erleichtert. (Mesch/Talmud 2006: 32)

Zusätzlich muss man anmerken, dass in individuellen Fällen, bei Personen mit gewissen Persönlichkeitsstrukturen Online-Kontakte durchaus von hoher Bedeutung für die jeweiligen Personen sein können. Der Mangel an emotionalen Ausdrucksweisen aufgrund fehlender Mimik oder Gestik, wird durch den Einsatz von Emoticons oder auch Smileys genannten Zeichen behoben, indem auf diese Weise die Emotionen explizit artikuliert werden. (Parks/Floyd 1996: 83)

So konnten etwa Ploderer et al. (2008) in ihrer Untersuchung zum Verhältnis sozialer Off- und Onlinebeziehungen von Nutzern eines interessensorientierten Sozialen Online-Netzwerkes (Bodybuilding Netzwerk) nachweisen, dass das Fehlen von Offline-Beziehungen eine enge Integration von Offline- und Online-Welt nicht verhindern, da diese interessenszentrierten Social Networks meist sehr stark im Alltagsleben integriert sind.

Mesch/Talmud (2006) gingen in diesem Zusammenhang auch der Frage nach, welche Unterschiede sich zwischen Jugendlichen, die online Freundschaften aufbauen und jenen, die dies nicht tun, bestehen. Dabei wurde unter anderem untersucht, wie der Ort, an dem Freundschaften gebildet werden mit der Qualität der sozialen Beziehungen zusammenhängt, konkret mit der Stärke der sozialen Bindungen. Dabei zeigt sich, dass die Motivation für online initiierte Freundschaften mit dem Versuch der Jugendlichen zusammenhängt, soziale Unterstützung durch die Nutzung des Internets als Kommunikationsmittel zu kompensieren. Dabei bleiben aber Face-To-Face Beziehungen nach wie vor von großer Bedeutung, aber trotzdem sind die Online gebildeten Freundschaftsbeziehungen für die Jugendlichen ebenfalls stark und bedeutend. Es zeigt sich zudem, dass Jugendliche, die sehr starke virtuelle Freundschaftsbeziehungen einen ganz speziellen sozialen Hintergrund aufweisen. (Mesch/Talmud 2006: 29)

Grundsätzlich zeigen Studienergebnisse kein einheitliches Bild zur Wirkung des Internets auf starke bzw. schwache Bindungen. Manche weisen eine höhere Qualität von Face-to-Face-Interaktionen im Vergleich zu online sozialen Interaktionen nach. (Walther/Boyd 2002).

Andere Studien weisen darauf hin, dass Menschen in Online-Interaktionen oftmals schneller und leichter bereit sind, auch persönliche Informationen preis zu geben, was in Face-To-Face-Kontakten nicht so schnell erfolgt. Diese Öffnung führt schließlich zu einer stärkeren Nähe der Online-Kontakte. (Mesch/Talmud 2006: 32)

Zudem zeigt sich, dass die Online Kommunikation lediglich eine Ergänzung zu anderen Kommunikationsmittel darstellt und sich somit nahtlos in die Reihe von Brief, Telefon oder direkten Kontakten einreiht. Besonders hilfreich ist die computervermittelte Kommunikation für Personen, die im direkten Kontakt eher schüchtern, isoliert oder in einem anderen Zustand sind, der ihnen eine direkte Kontaktaufnahme bzw. Beziehungsaufbau erschwert bzw. verunmöglicht. (vgl. Bock 1994; Brennan et al. 1992, De Leon 1994, Kanaley 1995) Aber auch unabhängig von persönlichkeitsbedingten Faktor sieht Deterding in der Online Kommunikation eine Interaktionsalternative, mit der bestimmte kommunikative Probleme und Vorhaben besser gelöst werden können als mit herkömmlichen Medien. (Deterding 2009: 125)

4.4. Facebook – Siegeszug eines Online Social Network

4.4.1. Daten und Fakten zu Facebook

Facebook wurde 2004 von dem Harvard-Studenten Mark Zuckerberg entwickelt und war ursprünglich ausschließlich für die Kommunikation der Studierenden innerhalb des Universitäts-Campus gedacht. Erst im September 2006 wurde Facebook auch für die nicht-studentische Bevölkerung geöffnet und eroberte seitdem innerhalb kurzer Zeit zunächst weite Bereiche der USA und zunehmend auch Europas, Asiens und Australiens. Es wurden in der Folge kontinuierlich sprachlich spezifizierte Versionen entwickelt, wobei etwa die deutsche Version 2008 online ging.

Mittlerweile gibt es weltweit über 350 Millionen Nutzer (Stand Dezember 2009), wobei zwei Drittel dieser Nutzer nicht mehr dem studentischen Milieu, d.h. dem ursprünglichen Nutzerklientel, entstanden und auch 70 Prozent nicht mehr aus den USA kommen. Dies zeigt die enorme Breitenwirkung dieses Online Tools auf, bei dem sich die ursprüngliche Zielgruppe bzw. Nutzerschaft in den vergangenen Jahren deutlich verändert hat. (vgl. www.facebook.com)

Basierend auf der ursprünglich ausschließlich studentischen Nutzerschaft sind die Nutzer von Facebook jedoch nach wie vor eher jung, wobei sich auch hier in den vergangenen Jahren ein gegenläufiger Trend abzeichnet: So ist es die Gruppe der über 30-Jährigen, die mittlerweile die stärksten Wachstumsraten aufweisen. (vgl. www.facebook.com) Eine Tendenz, die dafür spricht, dass Facebook in immer breiteren Bevölkerungskreisen an Bedeutung gewinnt, was die Annahme zulässt, dass sich auch die Nutzungsformen und damit die Auswirkungen auf bestehende Sozialbeziehungen in der breiten Bevölkerung zunehmend ausdifferenzieren werden.

4.4.2. Funktionen von Facebook

Ähnlich wie andere Online Social Networking Sites verfügt auch bei Facebook jeder Nutzer über eine eigene Profilseite, auf der er Informationen über sich selbst, Foto- und Videomaterial, aber auch sprachliche Meldungen wie etwa eine Statusmeldung, mit der er aktuelle Befindlichkeiten, Aktivitäten oder auch einfach nur Informationen online stellen kann. Die Interaktion zwischen den Nutzern wird dadurch gefördert, dass bei allen Aktivitäten und Veröffentlichungen die Möglichkeit besteht, Kommentare dazu zu veröffentlichen bzw. mittels einfachem Klick auf den „Gefällt mir"-Button anzuzeigen, dass man eine Äußerung oder Aktivität positiv findet. Zusätzlich bietet die Plattform weitere nicht-öffentliche Kommunikationskanäle an, wie etwa einen Netzwerk-internen Chat und das Email-ähnliche Postfach, mittels derer auch private Nachrichten an andere Netzwerkmitglieder verschickt werden können. Nicht zu vergessen ist auch die wachsende Anzahl von Facebook-Gruppen, die teilweise mit sehr vielsagenden Namen versehen sind und deren Mitgliedschaft daher auch zu einem kommunikativen Statement der Nutzer werden kann. Ergänzt wird das Angebot durch Unterhaltungstools wie kleine Spiele oder Tests, welche die Nutzer mit wenigen Klicks nutzen bzw. zum Teil auch selbst entwickeln können.

4.4.3. Durchschnittliche Nutzungsweisen von Facebook

Online Social Netzwerke eignen sich besonders gut dazu, soziale Interaktionen von Menschen im Internet zu untersuchen, da diese Aktivitäten automatisch vom Computer aufgezeichnet werden können. So veröffentlicht auch Facebook regelmäßig Statistiken, in denen auch eine Charakterisierung der durchschnittlichen weltweiten Nutzungsweise des Netzwerkes vorgenommen wird. Demnach zeichnet sich der Prototyp des Facebook-Nutzers durch folgende Aktivitäten im Netzwerk aus:

Der durchschnittliche Nutzer besitzt 130 Freunde im Netzwerk und versendet acht Freundschaftseinladungen im Monat. Er verbringt ca. 55 Minuten pro Tag in Facebook und schreibt durchschnittlich 25 Kommentare im Monat bzw. klicken 9 Mal den „Gefällt mir"-Button. Pro Monat wird der durchschnittliche Nutzer zu 3 Veranstaltungen über Facebook eingeladen, und wird Fan von 2 Seiten. Zudem ist der durchschnittliche Nutzer Mitglied von 12 Gruppen. (vgl. http://www.facebook.com/press/info.php?statistics)

Diese Zahlen sind klarerweise sehr starke Verallgemeinerungen, entstehen sie immerhin aus den Nutzungsgewohnheiten von ca. 350 Millionen Nutzern, aus den unterschiedlichsten Regionen der Welt. Dennoch sollte diese Charakterisierung bei konkreten Untersuchungen eingeschränkter Nutzergruppen aus einer spezifischen Region im Hinterkopf behalten werden und eventuell als Kontrast- und Interpretationshintergrund herangezogen werden.

5. Das Forschungsprojekt

5.1. Zentrales Forschungsinteresse

Abgeleitet von diesen Vorüberlegungen und den Erkenntnissen aus bereits vorliegenden Studien, wird sich meine Arbeit mit folgender zentralen Frage beschäftigen:
Welche Interaktions- und Bindungsformen ergeben sich durch die Nutzung von Online Social Networks?

5.1.1. Forschungsfragen und Hypothesen

Im Konkreten wird sich die Untersuchung dabei auf folgende fünf konkrete Forschungsfragen konzentrieren:

FF1. Wie wirkt sich die Nutzung von Online Social Networks auf Interaktionen in bestehenden Beziehungen bzw. auf das Sozialkapital aus?

Ausgehend von den bereits erwähnten Forschungsergebnissen zu unterschiedlichen Formen von Sozialkapital und der differenten Bedeutung von starken und schwachen Bindungen, wird hier der Frage nachgegangen, inwiefern Facebook Nutzer unterschiedliche Interaktionsformen für die Kontaktpflege mit ihren "strong ties" und "weak ties" nutzen. Wird die computervermittelte Kommunikation in erster Linie für die Kontaktaufnahme bzw. -erhaltung mit eher schwachen Bindungen verwendet? Oder wird die Kommunikation über Online Social Networks auch für die Interaktion mit engen Bezugspersonen eingesetzt?
Folgende Hypothesen gilt es im Rahmen der Untersuchung zu überprüfen:

H1a: Wenn die Bindung an die "Freunde" eher schwach eingeschätzt wird, dann beschränken sich die Kontakte stärker auf die Online Ebene.

H1b: Wird Hilfestellung (Rat, materielle Zuwendung etc.) für eher schwerwiegende persönliche Probleme benötigt, dann wenden sich die Personen vor allem an Freunde aus dem Real Life. (strong ties)

FF2. Welche Bindungsformen ergeben sich aus dem Spannungsfeld von Online vs. Offline Social Network? ODER: Entstehen über Online Social Networks vollkommen neue Beziehungsformen?

Im Rahmen dieser Forschungsfrage wird der Frage nachgegangen, welche Beziehungsformen sich im Spannungsfeld zwischen Online- und Offline Interaktionen ausbilden können. Gibt es so etwas wie ein „online social capital", im Sinne eines Sozialkapitals, das allein durch Online-Interaktionen entsteht und vermittelt wird?

Aus den möglichen Konstellationen von Online- und Offline-Interaktionen ergeben sich rein theoretisch folgende Bindungsformen, die es anhand des zu erhebenden Datenmaterials zu überprüfen gilt:

Typ 1: Reine Onliner: Online Kontaktaufnahme und Online Beziehungspflege ohne Verlagerung in Offline-Kontakte
Typ 2: Onliner mit seltenen Offline-Kontakten: Online Kontaktaufnahme und - Pflege mit seltener Verlagerung in Offline-Kontakte
Typ 3: Onliner mit Verlagerung in Offline-Kontakte: Online Kontaktaufnahme und Verlagerung von Kontaktpflege und Aufbau auf überwiegende Offline-Kontakte.
Typ 4: Offliner mit Verlagerung auf Online-Kontakte: Offline Kontaktaufnahme und Kommunikationsverlagerung auf überwiegend Online Kontakte
Typ 5: Offliner mit seltenen Online-Kontakten: Offline Kontaktaufnahme, Aufnahme in Online Netzwerk aber weiterhin überwiegender Kontakt Offline
Typ 6: reine Offliner: ausschließlicher Kontakt außerhalb des Internet

Diese Bindungsformen unterscheiden sich somit in der graduellen Bedeutung von Offlinekontakten, wobei als Extrempol auf der einen Seite, Typ 1 der "Reine Onliner" angesiedelt ist, dem auf der Gegenseite der Typ 6, der "reine Offliner" entgegensteht. Es wird zu zeigen sein, inwiefern diese beiden Extrempole bei den Nutzern von Online Social Networks überhaupt auftreten können.

Abbildung 1: Typologie von Bindungsformen bei Online-/Offline-Interaktionen

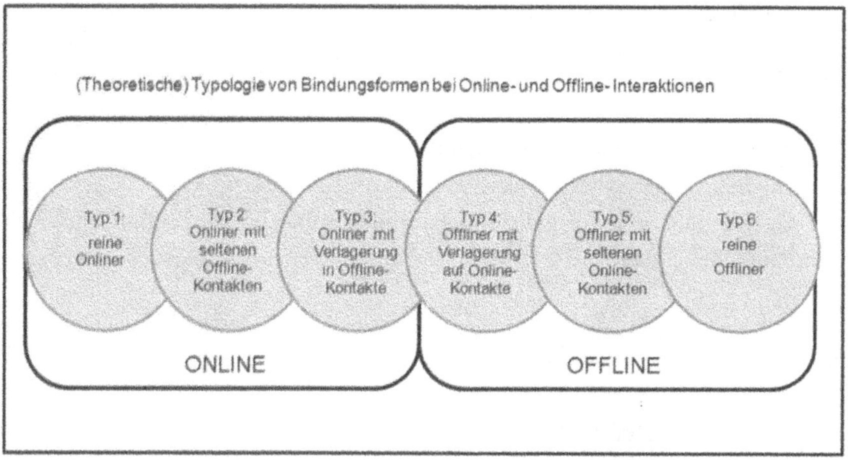

Während die Typologien 4-6 auf der traditionellen Form der gegenseitigen Kontaktaufnahme bzw. Beziehungspflege zurückgehen, stellen die Typen 1-3 jene Formen dar, die erst durch die Verbreitung computervermittelter Kommunikationsmöglichkeiten entstanden sind. Die Frage ist nun, welche dieser Bindungsformen, die sich im Spannungsfeld Online-Offline-Interaktion ergeben können, in Online Social Networks wie Facebook am häufigsten zu finden sind. Folgende Hypothese gilt es dabei zu überprüfen:

H2a: Bei den Facebook NutzerInnen spielen v.a. Bindungsformen von Typ 2 (Online Bekanntschaft, die nur teilweise auch in Offline-Kontakte umgewandelt wird - weak ties) und Typ 5 (offline Bekanntschaften, häufig mit engen Freunden (strong ties), die im Online Netzwerk hinzugefügt werden, der Kontakt aber weiterhin hauptsächlich offline erfolgt.) eine zentrale Rolle.

FF3. Wie wirkt sich die Nutzungsintensität von Online Social Networks auf die Interaktion von starken und schwachen Bindungen (weak vs. strong ties) aus?

Um auch die von Internetkritikern behauptete Gefahr einer zunehmenden Vereinsamung von intensiven Internetnutzern bei der Untersuchung zu berücksichtigen, wird überprüft, inwiefern Intensivnutzer und Wenignutzer von Facebook unterschiedliche Interaktionsformen mit ihren Freunden und Bekannten aufweisen. Auf diese Weise soll untersucht werden, ob bzw. welche traditionellen Offline Interaktionsformen (Telefon, Face-to-Face-Kontakt) bei intensiver Nutzung von Online Social Networks an Bedeutung verlieren bzw. welche der Angebote von Facebook (Kommunikation/Information/Unterhaltung) für Wenig- bzw. Vielnutzer von besonderer Relevanz sind.

Folgende drei Hypothesen werden dabei überprüft:

H3a: Je intensiver eine Person Facebook nutzt, desto häufiger steht die Kommunikationsfunktion mit bestehenden UND neuen Freunden im Mittelpunkt.

H3b: Kommunikation über das Online Netzwerk reduziert nicht die Kommunikation in der Face-to-Face-Konstellation, sondern löst andere indirekte Kommunikationsformen, wie Telefon oder SMS ab.

H3c: Je intensiver die Facebook-Nutzung, desto höher ist auch der Anteil an Freunden, die online kennengelernt wurden.

FF4. Gibt es Nutzertypen, die von Online Social Networks besonders profitieren?

Bestehende Untersuchungen aus den USA konnten Indikatoren dafür finden, dass gewisse psycho-soziale Merkmale[3] einer Person einen Einfluss darauf haben, wie Online Angebote genutzt werden. Es lassen sich demnach eine Reihe von Hypothesen bilden, die Annahmen darüber formulieren, wie die Persönlichkeitsdimensionen mit der Facebook-Nutzung zusammenhängen können.

Im Rahmen der nachfolgenden Auswertung wurde daher stets untersucht, wie sich alle fünf erhobenen Persönlichkeitsdimensionen auf die folgenden vier Bereiche auswirken:

1. Interaktionsgewohnheiten auf Facebook
2. Anzahl der Facebook-Freunde
3. Einschätzung der Eignung von Facebook für die Kommunikation mit unterschiedlichen Bezugspersonen
4. Nutzungsintensität des Online Social Networks

[3] Extraversion, Neurotizismus, Offenheit für Neues, Verlässlichkeit und Verträglichkeit gemessen als die psychologischen "Big Five"

Sechs Hypothesen sollen dabei im Rahmen dieser Arbeit explizit anhand empirischer Nutzungsdaten überprüft werden:

H4a: Introvertierte Personen nutzen Facebook stärker als extrovertierte zum Aufbau neuer Kontakte und der Pflege von lockeren Bekanntschaften.

H4b: Introvertierte Personen weisen eine geringere Anzahl von "Facebook-Freunden" auf als extrovertierte.

H4c: Personen mit einem geringen Grad an Verträglichkeit sehen in Facebook in geringerem Maße ein ideales Tool zur Pflege von Freundschaften und weisen eine geringere Anzahl von Freunden auf.

H4d: Je stärker eine Person der Dimension "Offenheit für Neues" zustimmt, desto größer werden die Möglichkeiten des Online Social Networks für die Beziehungspflege mit lockeren Bekannten eingeschätzt.

H4e: Personen mit einem hohen Grad an Verlässlichkeit nutzen Facebook vergleichsweise weniger intensiv als Personen mit niedrigerer Verlässlichkeit.

H4f: Je stärker eine Person der Dimension "Offenheit für Neues" zustimmt, desto länger ist die Person bereits bei Facebook registriert.

FF5: Wie wirken sich soziodemographische Faktoren wie Alter, Geschlecht, Bildung und Wohnumfeld auf den Einsatz von Facebook in Hinblick auf soziale Netzwerke aus?

Um die Nutzungsweise von Online Social Network Angeboten in Bezug auf unterschiedliche Nutzertypen skizzieren zu können, müssen auch klassische sozio-demographische Merkmale mit den artikulierten Interaktionsroutinen in der Online- vs. Offlinewelt berücksichtigt werden. So kann etwa vermutet werden, dass Frauen mittels Online Netzwerk andere Bindungsformen stärken, als dies Männer tun. Oder aber können Alterseffekte angenommen werden.

Folgende Annahmen werden daher zur empirischen Überprüfung formuliert:

H5a: Je jünger ein User ist, desto eher wird Facebook zur Kontaktaufnahme mit "fremden" Personen genutzt.

H5b: Personen aus kleineren Wohnorten, nutzen Facebook stärker zur Kontaktaufnahme mit unbekannten Personen als Bewohner von Großstädten.

H5c: Frauen nutzen die Kommunikationsmöglichkeiten von Facebook stärker, Männer nutzen die Funktionen zur (Selbst-)Präsentation stärker.

H5d: Personen mit Matura nutzen Facebook weniger intensiv als Personen ohne Matura.

5.2. Methodologie

Die methodische Umsetzung der Arbeit erfolgt mittels eines Onlinefragebogens, mit dem ausschließlich Nutzer von Facebook befragt werden sollen. Für eine Onlineerhebung sprach vor allem, dass die Nutzer der Online Social Network Seiten auf diesem Wege am einfachsten zu kontaktieren sind, da zunächst, abgesehen von den in Facebook aufgelisteten Profilen, meist allgemein einsehbar keinerlei Kontaktinformationen vorliegen, was eine persönliche, schriftliche oder telefonische Befragung unmöglich macht. Zudem bringen Online Erhebungen mehrere Vorteile mit sich, wie etwa der Einbezug von multimedialen Hilfsmitteln und dem Entfall von Interviewereinflüssen, aber auch Zeit- und Kostenersparnisse bei der Dateneingabe. Zudem wird bei einer Online-Befragung im Gegensatz zu einer schriftlichen Befragung sichergestellt, dass die Befragten die Fragen in der richtigen Reihenfolge beantworten (vgl. Maurer/Jandura 2009: 61), und durch die sichergestellte Anonymität wird die Tendenz von sozialerwünschten Antworten reduziert, was die Datenqualität verbessert. (vgl. u.a. Mühlenfeld 2004). Das Problem ungleicher Zugangsmöglichkeiten zum Internet kann allein auf Grund des Untersuchungsgegenstandes bzw. der interessierenden Untersuchungspopulation als irrelevant abgetan werden, da hier nur jene Personen befragt werden sollen, die in Facebook aktiv sind und dementsprechend Zugang zum Internet besitzen.

Auf die mit Online Erhebungen verbundenen Nachteile, wie etwa das grundlegende Problem bei der Stichprobenziehung aufgrund unklarer Grundgesamtheiten, wird in der Folge noch näher eingegangen. Das Problem mangelnder Repräsentativität von Online-Daten auf die Gesamtbevölkerung spielt im Rahmen dieser Untersuchung eine eher untergeordnete Rolle, da ohnehin keinerlei Aussagen über die Online- UND Offline-Bevölkerung gemacht werden sollen, sondern sich die Erkenntnisse nur explizit auf die Nutzer von Facebook beschränken werden. Zudem werden im Rahmen der Analyse keinerlei inferenzstatistischen, verallgemeinernden Aussagen über die Gesamtheit aller Facebook-Nutzer bzw. aller Internetnutzer angestrebt, was im Rahmen einer derartigen Stichprobenziehung bei einer Onlinebefragung problematisch wäre (vgl. Baur/Florian 2009: 109), sondern vielmehr die Entwicklung einer Typisierung unterschiedlicher Interaktionsformen und deren Auswirkung auf soziale Netzwerkstrukturen versucht.

Um die Teilnahme- und Abschlussrate des Fragebogens zu erhöhen, wurde als Incentive ein 20 Euro Gutschein des Online-Händlers "Amazon.de" verlost. Obwohl die Meinungen über den Einsatz von Incentives bei Onlinestudien auseinander gehen (vgl. Tuten et al. 2002; Couper/Coutts 2006: 226, Baur/Florian 2009: 122), fiel die Entscheidung im Rahmen dieser Studie dafür aus. Wie Göritz (Göritz 2006: 63) nachweisen konnte, können Incentives auch bei Onlinebefragungen sowohl die Antwortrate als auch die Abschlussrate deutlich erhöhen. Ein Aspekt, der gerade in Hinblick auf die Selbstrekrutierung der Befragungsteilnehmer für diese Untersuchung von zentraler Bedeutung war. Um die Gefahr von Mehrfachbeteiligungen mit der Zielsetzung die Gewinnchancen dadurch zu erhöhen (vgl. Göritz 2006: 60), wurde mit dem 20 Euro Gutschein ein relativ geringer Wert in Aussicht gestellt, der vermutlich kaum die Mühen eines mehrfachen oder vielleicht sogar automatisierten Ausfüllens wenig lohnenswert macht. Positive Bestätigung fand die Entscheidung für den Einsatz von Incentives zudem auch durch die erfolgreiche Bewährung incentivegestützter Befragungen zu sozialen Netzwerken im Internet bei Franzen (2000: 429)

Der Fragebogen wird mittels der Befragungssoftware von Unipark konzipiert, der Feldzugang erfolgt einerseits direkt über Facebook und zwar mittels Posting in den Diskussionsforen diverser Online Gruppen, die auf der Social Network Site gebildet werden. Andererseits aber auch durch Veröffentlichung des Befragungslinks in Gruppenforen des deutschsprachigen Gegenstücks zu Facebook, nämlich "studivz" bzw. "MeinVz", einem Online Social Network im deutschsprachigen Raum, das ursprünglich ähnlich wie "Facebook" ausschließlich auf Studierende beschränkt war, nun aber mit dem Ableger "MeinVz" auch nicht-studierende Nutzer anspricht.

Grund für den Zugang mittels Gruppen ist pragmatischer Natur, da auf diese Weise der Link zu dem Onlinefragebogen einer großen Zahl von Facebook Nutzern zugänglich gemacht werden kann. Das Anschreiben einzelner Nutzer, welches eine gezieltere Auswahl darstellen würde, ist auf Grund der sehr strikten Datenschutzbestimmungen bzw. Sicherheitsvorkehrungen von Facebook nicht möglich.

Durch das Posting des Umfragelinks auf dem alternativen Online Social Network "StudiVz"/"MeinVz" soll zudem erreicht werden, dass nicht ausschließlich die hochaktiven Nutzer von Facebook erreicht werden, sondern auch jene, die allein schon auf Grund der Doppelaktivität in zwei sozialen Online Netzwerken, vermutlich zu den eher sporadischen Facebook Nutzern gehören. Dies soll eine Gruppierung in und Auswertung nach Intensiv- vs. Wenignutzern sicherstellen.

Der Großteil der Fragen wird in geschlossener Form erhoben und vor allem bei den Bereichen zu den Motiven zur Facebook Nutzung, den Erhebungen zu den sozialen Netzwerken (strong vs. weak ties) sowie den Persönlichkeitsmerkmalen werden bereits erprobte Skalen und Testitems aus bestehenden Studien herangezogen.[4]

Auf diese Weise wird neben einer gesicherten Validität der Testkonstrukte auch eine teilweise Vergleichbarkeit der Ergebnisse mit den bereits erwähnten Studien ermöglicht.

5.3. Abzufragende Aspekte

Der Fragebogen umfasste insgesamt 53 Fragen und die Bearbeitungsdauer betrug im Schnitt 11 Minuten, was den gestaltungstechnischen Empfehlungen für Onlinebefragungen entspricht (vgl. Tuten et al. 2002, Bosnjak/Batinic 2002)

Folgende Aspekte wurden im Rahmen des Fragebogens erhoben:

1. Intensität der Internetnutzung, Intensität der Social Network Nutzung

Die Intensität der Internet- bzw. Online Social Network Nutzung stellt einen wichtigen Indikator dar, um den Stellenwert dieser Angebote für die befragte Person einschätzen zu können, und einen Vergleich zwischen Viel- und Wenignutzern anstellen zu können. Die Differenzierung in unterschiedliche Nutzungsintensitätsgruppen wird eine wichtige unabhängige Variable für die Untersuchung darstellen.

2. Motive der Social Network Nutzung (in Anlehnung an Ellison et al. 2006)

Grundsätzlich wichtig ist, wie die Nutzer die Gründe für ihre Hinwendung zu Online Social Networks selbst wahrnehmen bzw. einschätzen. Was bringt sie dazu, sich täglich, wöchentlich oder seltener in das Netzwerk einzuloggen? Inwiefern ist das Online Social Network bereits zu einem selbstverständlichen Bestandteil des individuellen Alltags geworden? Auf diese Weise soll einerseits

4 Quellenangaben der verwendeten Skalen und Items siehe Kapitel "Abzufragende Aspekte"

die emotionale Gebundenheit der Nutzer an das Netzwerk erhoben werden, andererseits auch die intrinsische Motivation, die hinter der Zuwendung zu Facebook steckt.

3. Nutzungsintensität von unterschiedlichen Kommunikationstools bzw. Informationstools auf Facebook (modifiziert, in Anlehnung an Ellison et al. 2006)

Wichtig für die Auswirkung von Online Social Networks auf bestehende Kommunikationsroutinen bzw. Sozialkontakte ist die Frage, welche Kommunikationstools von Facebook mit welcher Intensität tatsächlich genutzt werden. Dies soll Aufschluss darüber geben, ob es sich bei der Nutzung eher um eine unterhaltungssorientierten (Nutzung von Spielen, Tests etc.), eine (selbst-) präsentative (Publikation von Fotos, Gruppen, Links) oder eine kommunikative Nutzung von Facebook handelt (aktive Nutzung von Kommentarfunktion, Chat, Postfach-Messages, Statusmeldung).

4. "Freunde" im Real-Life vs. "Freunde" online (Items modifiziert, in Anlehnung an US-Studie Ellison et al. 2006, ISSP 2001 – Social Networks II)

Hierbei handelt es sich um den zentralen und damit auch umfangreichsten Fragenblock für die Online-Erhebung. Durch direkte und indirekte Fragen soll erhoben werden, welche Rolle starke (strong ties) bzw. schwache (weak ties) soziale Bindungen bei der Facebook Nutzung spielen und ob es unterschiedliche Kommunikationsroutinen abhängig vom Bindungsgrad gibt. Zudem soll auf diese Weise die Frage geklärt werde, welche unterschiedlichen Bindungstypen sich tatsächlich im Rahmen des Spannungsfeldes Online vs. Offline-Kontakte zeigen.

5. Persönliche Einschätzung zur Auswirkung der Online Social Network Nutzung auf bestehende Beziehungen

Da im Rahmen dieser ersten Querschnittuntersuchung keine Aussagen über Veränderungen im Kommunikationsverhalten bzw. den sozialen Netzwerkstrukturen der Nutzer direkt ermittelt werden können, werden die User zumindest direkt nach ihrer subjektiven Einschätzung in Hinblick auf Auswirkungen ihrer Online Social Network Nutzung befragt. Diese subjektive Einschätzung dient einerseits als Indikator für etwaige Auswirkungen der Online Netzwerke auf bestehende "Real Life"-Netzwerke, andererseits aber auch als eine Art Kontrollfaktor, vor dessen Hintergrund die mittels anderer Fragenblöcke erhobenen Aspekte zur Online Social Network Nutzung reflektiert werden.

6. Persönlichkeitsmerkmale (Extraversion, Neurotizismus, Offenheit für Neues, Verträglichkeit, Verlässlichkeit) (Items von Big Five Inventory-SOEP (BFI-S))

Da soziale Netzwerke und das Kommunikationsverhalten immer auch von individuellen Persönlichkeitsdispositionen beeinflusst sind, gilt es zudem eine Art Persönlichkeitsprofil der befragten Nutzer zu erstellen, das schließlich mit der Nutzung von Online Social Networks und den damit verbundenen Kommunikationsformen in Beziehung gesetzt wird. Auf diese Weise soll überprüft werden, ob gewisse Persönlichkeitstypen besonders von den neuen Kommunikations- und Netzwerkmöglichkeiten profitieren und welche Typen welche Optionen dieser Online Social Networks besonders stark nutzen (vgl. u.a. auch Ross et al. 2009).

Erstellt werden diese Persönlichkeitsprofile mit Hilfe des „Big Five Inventory-SOEP (BFI-S)". Dieser Kurztest der psychologischen "Big Five" umfasst die Dimensionen Neurotizismus, Extraversion, Offenheit für neue Erfahrungen, Verträglichkeit und Verlässlichkeit. Entwickelt wurde der Test im Rahmen des Sozio-ökonomischen Panels, für dessen Erhebung im Jahr 2005 diese theoretisch fundierte Kurzskala entwickelt wurde. (vgl. Schupp / Gerlitz 2008) Sie stellen die fünf grundlegenden Persönlichkeitsdispositionen dar, die in zahlreichen psychologischen Tests erhoben werden.

Unterschiedliche Ausprägungen dieser fünf Persönlichkeitsdimensionen haben nachweislich Auswirkung auf die Internetnutzung (vgl. Butt/Phillips 2008, Wolfrad/Doll 2001) sowie auf die Nutzung von Online Social Networks im Speziellen (vgl. Amichai-Hamburger/Wainpel/ Fox 2002; Ross. et al. 2009). Sie bieten sich somit für die Analyse als wichtige unabhängige Variablen an.

Grundsätzlich wird der Test mit einer 7-stufigen Antwortskala (1= trifft überhaupt nicht zu; 7 = trifft voll zu") erhoben. Um die Konsistenz der eigenen Befragung zu erhalten und auch im Sinne einer leichteren Beantwortbarkeit für die Umfrageteilnehmer werde ich im Rahmen meiner Untersuchung auch bei diesem Fragenkomplex die fünf-stufige Skala (1=trifft überhaupt nicht zu; 5=trifft voll und ganz zu) beibehalten.

Die abgefragten fünf Dimensionen stehen dabei für folgende Persönlichkeitsaspekte:

Neurotizismus: Personen, die hier hohe Werte aufweisen, sind oft emotional eher labil, neigen zu Nervosität sowie Ängsten und reagieren negativ auf Stress.

Extraversion: Personen mit hohen Extraversionswerten zeichnen sich als sehr gesprächige, aktive und teilweise auch dominante Persönlichkeiten aus. Intraversion bildet in der Psychologie den Gegenpol zur Extraversion.

Offenheit für Neues: Personen mit hohen Offenheitswerten erweisen sich meist als sehr phantasievolle, experimentierfreudige und künstlerisch interessierte Menschen. Wichtig ist ihnen die Abwechslung.

Verträglichkeit: Personen mit hohen Verträglichkeitswerten sind sehr harmoniebedachte Menschen, die anderen Personen mit Wohlwollen und Mitgefühl begegnen und sich äußerst hilfsbereit zeigen.

Verlässlichkeit/Gewissenhaftigkeit: Verlässliche Menschen handeln meist sehr organisiert, sorgfältig, effektiv, zuverlässig und wohl überlegt. (vgl. Costa/McCrae 1992)

Jede Charakterdimension wieder mit jeweils drei Items abgefragt, die folgendermaßen lauten:

„Bitte geben Sie an, wie sehr Sie folgenden Fragestellungen zustimmen:“

Neurotizismus:

Ich bin jemand, der sich oft Sorgen macht.

Ich bin jemand, der leicht nervös wird.

Ich bin jemand, der entspannt ist, mit Stress gut umgehen kann. (-)

Extraversion:

Ich bin jemand, der kommunikativ, gesprächig ist.

Ich bin jemand, der aus sich herausgehen kann, gesellig ist.

Ich bin jemand, der zurückhaltend ist. (-)

Offenheit für neue Erfahrungen:

Ich bin jemand, der originell ist, neue Ideen einbringt.

Ich bin jemand, der künstlerische Erfahrungen schätzt.

Ich bin jemand, der eine lebhafte Phantasie, Vorstellungen hat.

Verträglichkeit:

Ich bin jemand, der manchmal etwas grob zu anderen ist. (-)

Ich bin jemand, der verzeihen kann.

Ich bin jemand, der rücksichtsvoll und freundlich mit anderen umgeht.

Verlässlichkeit:

Ich bin jemand, der gründlich arbeitet.

Ich bin jemand, der eher faul ist. (-)

Ich bin jemand, der Aufgaben wirksam und effizient erledigt.

Im Befragungsbogen werden die Items der fünf Dimensionen klarerweise vermischt abgefragt, um auf diese Weise den Befragten die dahinterstehenden Dimensionen nicht allzu bewusst werden zu lassen, da dies ein sozial erwünschtes Antwortverhalten begünstigen könnte.

7. soziodemographische Daten

Den Abschluss des Fragebogens werden wie meistens soziodemographische Daten wie Alter, Geschlecht, Bildungsstand, Berufstätigkeit, Herkunft und Wohnort bilden. Sie sollen als unabhängige Variablen aufzeigen, für welche Zwecke unterschiedliche Bevölkerungsgruppen Online Social Networks einsetzen und ob es diesbezüglich signifikante Unterschiede im Spannungsfeld Online- vs. Offline-Kontakte gibt.

5.4. Der Untersuchungszeitraum

Der Online-Fragebogen wurden für den Zeitraum von vier Wochen (19.8.-16.9.2009) aktiviert und der Link zur Befragung in diesem Zeitraum in einer Vielzahl thematisch unterschiedlichster deutschsprachiger Gruppenforen auf Facebook sowie "studivz" bzw. „meinVz" veröffentlicht. Um die Teilnahmequote zu erhöhen wurden nach zwei Wochen, zur Halbzeit der Befragung, nochmals die Links zum Fragebogen in den Foren aktualisiert. (vgl. Archer 2007)

Pragmatische Probleme ergaben sich bei der Verbreitung des Befragungslinks vor allem innerhalb des Facebook-Netzwerkes, das mittels automatisiertem Mechanismus mehrfaches Posten des gleichen Links auf unterschiedlichen Veröffentlichungsseiten als Spam erkennt und daher der Zugangsaccount zum Netzwerk zwischenzeitlich gesperrt wurde. Daher konnten die Links nicht alle tatsächlich am gleichen Tag veröffentlicht, sondern wurden kontinuierlich im Laufe der ersten Erhebungswoche in den diversen Foren gepostet. Dies erklärt auch den für Online-Befragung relativ langen Untersuchungszeitraum von vier Wochen. Grundsätzlich werden für derartige Untersuchungen 2-3 Wochen als Aktivierungszeitraum empfohlen. Eine kürzere Veröffentlichung des Fragebogens würde eine Überrepräsentation von Heavy Usern begünstigen, da jene Nutzer, die nur sporadisch eine Internetseite nutzen, vergleichsweise weniger

Möglichkeit gehabt hätten, den Link zur Befragung überhaupt wahrzunehmen. (vgl. Lukawetz 2002, Baur/Florian 2009: 121, Archer 2007) Durch die Ausweitung des Untersuchungszeitraums auf vier Wochen sollte sichergestellt werden, dass auch jene Nutzer, die den Link über eines der Foren erhalten sollten, bei denen erst gegen Ende der ersten Untersuchungswoche veröffentlicht wurde, ausreichend Zeit zur Teilnahme an der Befragung hatten.

5.5. Die Datengrundlage

Nach Bereinigung aller abgebrochenen Fragebögen beruhen die Auswertungen auf insgesamt 295 vollständig ausgefüllte Fragebögen. Die durchschnittliche Bearbeitungszeit des Online-Fragebogens betrug rund elf Minuten, was der empfohlenen Dauer für Online-Befragungen entspricht. Aufgrund der Selbstrekrutierung mittels Link in Online Foren musste jedoch eine relativ hohe Abbruchsrate in Kauf genommen werden. Ein gutes Drittel jener, die den Link geöffnet haben, brachen den Fragebogen schon nach wenigen Fragen wieder ab. Von den insgesamt 594 Personen, die die Begrüßungsseite der Online-Befragung aufgerufen haben, klickten nur 305 tatsächlich den vollständigen Fragebogen durch. Von diesen mussten weitere 10 aufgrund eines zu großen Anteils an ausgelassenen Fragen für die endgültige Auswertung ausgeschieden werden.

5.6. Gewichtung der Datengrundlage

Da bei Onlineerhebungen mittels Selbstrekrutierung oder Schneeballprinzip nie vollständig kontrolliert werden kann, dass die Befragungsteilnehmer eine repräsentative Verteilung zentraler Merkmale der Gesamtbevölkerung bzw. der angestrebten Grundgesamtheit aufweisen, kann eine Gewichtung hier ansatzweise in zentralen Merkmalen eine ausgewogenere Analysegrundlage schaffen.

Im Rahmen dieser Untersuchung wird als Gewichtungsreferenz das Geschlecht herangezogen, da eine erste deskriptive Häufigkeitsauszählung eine eindeutige Überrepräsentanz weiblicher Facebook Nutzerinnen zeigt.

Während die Geschlechterverteilung der Facebook-Nutzer im deutschsprachigen Raum nahezu ausgeglichen ausfällt, nämlich 49,1% Männer und

50,8% Frauen [5], haben an der Befragung insgesamt nur 39.3% Männer jedoch 60,7% Frauen teilgenommen. Diese Überrepräsentanz der Frauen kann einerseits in einem insgesamt größeren Interesse an kommunikativen Aktivitäten bzw. Umfragebeteiligungen von Frauen gesehen werden, andererseits aber auch in einer eventuell stärker ausgeprägten Mitgliedschaft von Frauen in Gruppen von Sozialen Online Netzwerken.

Tabelle 1: Geschlechterverteilung

	tatsächliche Geschlechterverteilung in Ö, D, CH	Geschlechterverteilung in Befragungsdaten	Gewichtungsfaktor
männlich	49,12%	39,32%	1,25
weiblich	50,88%	60,68%	0,84

Um die Auswertung der Ergebnisse aber repräsentativer für die tatsächliche Nutzerschaft von Facebook zu machen, werden für alle weiterführenden Analyseschritte Frauen mit einem Gewichtungsfaktor von 0,84 und Männer mit einem Gewichtungsfaktor von 1,25 einbezogen.

Weniger problematisch erscheinen die Unterschiede zwischen realer und auf der Datengrundlage basierten Altersverteilung. Zwar sind in den Umfragedaten die jüngsten Facebook-Nutzer zwischen 13-17 Jahren etwas überrepräsentiert, aber die Nutzerschwerpunkte liegen bei den Erhebungsdaten wie in der realen Altersverteilung am stärksten bei der Gruppe der 25-34-Jährigen, gefolgt von den 18-24-Jährigen. Aufgrund dieser Übereinstimmung erscheint für die nachfolgende Auswertung keine zusätzliche Gewichtung nach Altersfaktoren für notwendig.

Wichtig für die soziodemographische Auswertung ist noch, aus welchen Ländern die Befragungsteilnehmer kommen. Der Schwerpunkt der Untersuchung wurde auf österreichische Facebook Nutzer gelegt, was sich auch in den abgeschlossenen Fragebögen realisiert hat.

[5] Facebook Nutzer Österreich (Stand Juli 2009): Männer 48,3%, Frauen 51,7%
Schweiz (Stand September 2009): Männer 50,2% Frauen 49,8%
Deutschland (Stand Juli 2009): Männer 48,8% Frauen 51,2% (Quelle: www.facebookmarketing.de)

Tabelle 2: Altersgruppen: reale Nutzerzahlen vs. Erhebungsdaten

Altersgruppen Nutzer deutschsprachiger Raum	Prozent real	Prozent Umfrage
13-17 Jahre	11,5	16,3
18-24 Jahre	28,7	33,6
25-34 Jahre	34,0	36,7
35-44 Jahre	16,7	9,2
45-54 Jahre	5,9	3,9
54+ Jahre	3,3	0,4
Gesamt	100,0	100,0

Insgesamt verteilen sich die Teilnehmer folgendermaßen auf die Herkunftsländer:

Tabelle 3: Herkunftsländer im Vergleich

Herkunft	Prozent
Österreich	42,8
Deutschland	22,3
Schweiz	22,6
Sonstiges europäisches Land	9,9
Sonstiges nicht-europäisches Land	2,4
Gesamt	100,0

6. Ergebnisse

6.1. Intensität der Facebook-Nutzung

Um die Intensität der Facebook-Nutzung auch tatsächlich einschätzen zu können, bietet sich ein Vergleich mit der allgemeinen Internetnutzung an. Auf diese Weise kann ein Eindruck davon gewonnen werden, welchen Stellenwert das Online Social Network an den Internetaktivitäten insgesamt einnimmt. Grundsätzlich zeigen die Facebook Nutzer eine sehr hohe Internetnutzung, indem die Mehrheit (44 %) das Internet mehr als 3 Stunden pro Tag nutzt, umgekehrt geben nur rund 7% an das Internet weniger als eine halbe Stunde pro Tag zu nutzen. Die Facebook Nutzung nimmt bei diesen Internetaktivitäten aber offensichtlich noch keine so zeitintensive Stellung ein, denn immerhin rund 35% der Befragten geben an weniger als 30 Minuten pro Tag Facebook zu Nutzen. Zu den Intensivnutzern von Facebook, die das Online Social Network mehr als 3 Stunden täglich nutzen, gehören 16% der Befragten.

Tabelle 4: Nutzungsdauer Internet bzw. Facebook

N=295	Internetnutzung		Facebook-Nutzung	
Dauer pro Tag	Häufigkeit	Prozent	Häufigkeit	Prozent
weniger als 10min	2	0,6	39	13,3
11-30min	18	5,9	64	21,8
31-60min	38	12,7	63	21,3
1-2h	60	20,4	53	18,0
2-3h	47	16,0	28	9,6
mehr als 3h	131	44,3	47	16,0
Total	295	100,0	295	100,0

Für weitere Berechnungen werden gemäß der Intensität der Facebook-Zuwendung drei Nutzertypen gebildet, wovon die Wenignutzer mit bis zu 30 Minuten täglicher Nutzung insgesamt 35%, die Normalnutzer mit 30 Minuten bis 2 Stunden 39% und die Intensivnutzer mit einer Nutzungsdauer von über 2 Stunden 26% ausmachen.

Interessant ist in diesem Fall aber vor allem der Zusammenhang zwischen Internetnutzungsdauer und Facebook-Nutzungsdauer. Die Korrelationen zwischen den beiden Nutzungsdauern bestätigen die Vermutung, dass mit steigender allgemeiner Nutzung des Internet auch die Facebook-Nutzung zunimmt, wie man am Pearson Korrelationskoeffizient von 0,559 ($p<0{,}0001$) deutlich erkennen kann.

Einen Hinweis und eine mögliche Erklärung über den nach wie vor noch nicht allzu großen Stellenwert der Facebook Nutzung im Internetalltag kann auch die Dauer der Mitgliedschaft im Online Social Network geben. Die Mehrheit der Befragungsteilnehmer (71%) ist weniger als 1 Jahr bei Facebook registiert und nur etwas mehr als jeder Zehnte (11%) ist bereits seit über 2 Jahren Mitglied in der Community. Dies weist darauf hin, dass Facebook im deutschsprachigen Raum tatsächlich erst ab dem Jahr 2008, in dem auch die deutschsprachige Version des Netzwerks angeboten wurde, wirklich breite Verbreitung gefunden hat. Davor war es höchsten für spezielle Nutzer interessant, die es vermutlich überwiegend zur Kommunikation und Kontaktpflege mit Freunden und Bekannten aus dem US-amerikanischen Raum, wo Facebook seine Ursprünge hat, nutzten.

Tabelle 5: Dauer der Facebook-Mitgliedschaft der Nutzer

N=295	Häufigkeit	Prozent
6 Monate oder weniger	113	38,4
6 Monate bis 1 Jahr	97	32,8
1-2 Jahre	52	17,7
2-3 Jahre	31	10,5
mehr als 3 Jahre	2	0,6
Total	295	100,0

Die Zusammenhänge zwischen der Dauer der Facebook-Mitgliedschaft und der Internet- bzw. Facebook-Nutzungsfrequenz fallen jedoch nicht signifikant aus, d.h. es kann nicht nachvollzogen werden, dass Nutzer, die sich erst vor kurzem auf Facebook registriert haben, mehr oder weniger Zeit mit dem Online Social Netzwerk verbringen als Nutzer, die bereits seit Jahren Mitglied sind.

Zudem kann auch die These von den jungen Nutzern als „Early Adopter", die bereits seit den Anfangsjahren das Online Social Network nutzen, nicht bestätigt werden, da es keinen signifikanten Zusammenhang zwischen dem Alter und der Dauer der Facebook-Mitgliedschaft gibt. Ebenso wenig gibt es eine unterschiedliche Mitgliedsdauer zwischen Männer und Frauen zu beobachten.

6.1.1. Soziodemographische Einflussfaktoren auf die Nutzungsintensität

Während sich bezüglich Geschlechts bei der Nutzungsintensität keine signifikanten Unterschiede zeigen, hat jedoch das Alter einen signifikanten Einfluss auf die Intensität der Facebook-Nutzung. Dies wurde mit einer linearen Regression überprüft und dabei zeigte sich, dass mit steigendem Alter die Zeit, die im Durchschnitt im Online Social Network verbracht wird, signifikant zurückgeht (Beta= -1,66, p<0,01).

Bezüglich Bildung wurde zudem untersucht, inwiefern Person mit bzw. ohne Matura unterschiedliche Nutzungsintensität von Facebook aufweisen. Die Vermutung liegt nahe, dass vor allem jene Personen mit höherer Bildung, weniger Zeit im Online Social Network verbringen, da sie eventuell andere direktere und mit persönlichem Face-to-Face Kontakt verbundene Kommunikationswege bevorzugen.

Tabelle 6: Zusammenhang Nutzungsintensität und Bildung

N=241 Angaben in Prozent	ohne Matura	mit Matura
Wenig-Nutzer (bis 30min)	26,1	39,9
Normal-Nutzer (30min - 2h)	42,0	36,6
Intensivnutzer (mehr als 2h)	31,8	23,5
Gesamt	100	100

Im Rahmen einer Kreuztabulierung mit Chi2-Test zeigte sich jedoch kein signifikanter Unterschied zwischen den unterschiedlichen Bildungsgruppen. Lediglich die Tendenz lässt sich bestätigen, dass Personen mit Matura eher zu Wenig-Nutzern (40%) gehören, als Personen ohne Matura (26%). Somit muss Hypothese H5d *„Personen mit Matura nutzen Facebook weniger intensiv als Personen ohne Matura."* falsifiziert werden.

6.1.2. Der Einfluss der Nutzungsintensität und Mitgliedsdauer auf Netzwerkgröße

Wie aber verhält sich die Nutzungsintensität bzw. die Dauer der Mitgliedschaft auf Facebook auf die Anzahl der hinzugefügten „Freunde" im Netzwerk?

Grundsätzlich zeigt sich, dass keineswegs die Rede von Netzwerken mit mehreren hundert Personen sein kann, die Facebook-Nutzer im deutschsprachigen Raum pflegen. Vielmehr zeigt sich, dass ein Drittel weniger als 50 „Freunde" haben, jeder Fünfte (22%) hat zwischen 50 und 100 „Facebook-Freunde", und nur knapp 7% haben tatsächlich mehr als 300 Personen in ihren Freundeslisten. Die hier befragten Nutzer im deutschsprachigen Raum entsprechen somit nicht dem von Facebook beschriebenen Durchschnittsnutzer, der immerhin 130 Freunde im Netzwerk aufweist.

Geschlechtsspezifische Unterschiede lassen sich dabei nicht erkennen, sehr wohl jedoch beim Alter: Auch hier gilt: Je jünger die Nutzer sind, desto mehr Freunde haben sie.

Diese Befunde entsprechen den Ergebnissen einer aktuellen Studie im Auftrag der mobilkom austria, bei der gezeigt wurde, dass die Österreicher im Schnitt 70 Freunde in ihren Online Social Networks aufweisen. Damit liegen sie deutlich unter dem internationalen Schnitt von 120 Freunden innerhalb des Netzwerkes. (vgl. mobilkom austria 2009) Eine Erklärung dafür kann auch hierfür die insgesamt eher „junge" Mitgliedschaft im Online Social Network der meisten Nutzer sein. Dies bestätigt sich auch eindeutig bei den Korrelationen zwischen der Dauer der Mitgliedschaft und der Anzahl der „Freunde", die mit einem Pearson Korrelationskoeffizient von 0,432 ($p<0{,}001$) hoch signifikant ausfällt.

Ein weiterer Zusammenhang lässt sich mit der Intensität der Facebook Nutzung und „Freundes"-Zahl feststellen. Der Pearson Korrelationskoeffizient von 0,202 (p<0,001) zeigt, dass eine höhere Nutzung von Facebook mit einer höheren Anzahl an Freunden einhergeht. Die Richtung der Kausalität, d.h. inwiefern die höhere Anzahl der Freunde eine intensiver Facebook-Nutzung hervorruft, oder umkehrt durch intensivere Facebook-Nutzung mehr Freunde hinzugefügt werden, kann jedoch im Rahmen einer Querschnittuntersuchung nicht eindeutig beantwortet werden.

Eine lineare Regressionsanalyse mit der Anzahl der Freunde als abhängiger Variable und der Dauer der Facebook-Mitgliedschaft sowie der Nutzungsintensität von Facebook zeigt sehr deutlich, dass die Mitgliedschaftsdauer (Beta=0,443) größere Erklärungskraft für die Freundesanzahl auf Facebook hat, als die Nutzungsintensität (Beta=0,219). Beide Aspekte stellen einen hoch signifikanten Einflussfaktor auf die Freundesanzahl dar.

Tabelle 7: Anzahl der „Freunde“ auf Facebook

N=295	Häufigkeit	Prozent
bis 50	98	33,0
51-100	66	22,2
101-200	76	25,8
201-300	36	12,3
mehr als 300	20	6,7
Total	295	100,0

6.2. Die Bedeutung von Online-Bekanntschaften

Im Zusammenhang mit den oben theoretisch konstruierten Typen von Online-/ Offlineinteraktionen, stellt sich die Frage, welchen Anteil Personen in der Freundesliste haben, die tatsächlich im Internet kennengelernt wurden, d.h. zu denen kein Kontakt in der realen Welt bestand. Daher wurden die Untersuchungsteilnehmer befragt, welchen Anteil ihrer Facebook-Freunde sie im Internet kennengelernt haben.

Dabei zeigt sich ganz eindeutig, dass fast 9 von 10 Befragte (89%) angeben, dass sie weniger als 10% ihrer in Facebook angeführten „Freunde“ primär im

Internet kennengelernt haben. Lediglich 5% gaben an, dies träfe auf 10-30% ihrer Facebook-Freunde zu, 2% dass es 30-50% seien und 3% dass sie mehr als die Hälfte ihrer auf Facebook gelisteten Freunde online kennengelernt haben. Es wird also sehr deutlich die primäre Ausrichtung von Facebook sichtbar, nämlich die Kontakterhaltung und –pflege von bereits bestehenden Beziehungen, die im realen Leben gemacht wurden. In diesem Punkt zeigen sich auch keine geschlechtsspezifischen Unterschiede.

Dieses Faktum der geringen Anzahl an tatsächlichen Online-Bekanntschaften wird in der weiteren Überprüfung der Beziehungstypologien noch gewisse Einschränkungen bei den Ergebnissen mit sich bringen.

Tabelle 8: Prozentanteil der online kennengelernten Facebook-Freunde

N=293	Anzahl	Prozent
weniger als 10%	262	89,2
10-30%	16	5,4
30-50%	7	2,4
mehr als 50%	9	3,0
Total	293	100,0

6.3. Nutzung der Kommunikationstools von Facebook

Facebook bietet eine Reihe unterschiedlichster Möglichkeiten an, um mit anderen Nutzern in Kontakt zu treten, sich selbst zu präsentieren bzw. sich zu informieren oder zu unterhalten. Aus theoretischen Überlegungen können die abgefragten Interaktionstools in drei Gruppen eingeteilt werden:

1. Kommunikationstools: Chat, Postfach, Kommentarfunktion, Pinnwand
2. Unterhaltungstools: Spiele/Tests, Pokes (Geschenke, Umarmungen)
3. Präsentationstools: Statusmeldung, Foto-/Videoalbum, Gruppen

Diese Einteilung wurde auch mittels Faktorenanalyse (Hauptkomponentenanalyse mit Varimax-Rotation, KMO=0,79, Vorgabe: 3-Faktoren-Lösung) überprüft. Bis auf eine Ausnahme bestätigte sich die Gruppierung der unterschiedlichen Interaktionstools von Facebook. Diese Ausnahme stellt die Funktion der „Statusmeldung“ dar. Sie wurde bei der Faktorenanalyse nicht wie theoretisch angenommen in den Bereich der Präsentationstools „Foto-/ Videoalbum“ und „Gruppen“ aufgenommen, sondern gehört sehr eindeutig den Kommunikationstools an. Dies spricht dafür, dass die Statusmeldung weniger – wie ursprünglich angenommen - als Selbstpräsentationstool verwendet wird, sondern vielmehr in erster Linie als Kommunikationstool zur Interaktion mit anderen Nutzern.

Gemäß dieser Ergebnisse der Faktorenanalyse wurde daher die theoretische Vorab-Gruppierung folgendermaßen modifiziert:

1. *Kommunikationstools*: Statusmeldung, Chat, Postfach, Kommentarfunktion, Pinnwandmessage
2. *Unterhaltungstools:* Spiele/Tests, Pokes (Geschenke, Umarmungen verschicken/erhalten)
3. *Präsentationstools:* Foto-/Videoalbum, Gruppen

Tabelle 9: Ergebnis der Faktorenanalyse zu den Interaktionstools von Facebook

	Faktor "Kommunikation"	Faktor "Unterhaltung"	Faktor "Präsentation"
Statusmeldung	0,810	0,163	0,140
Kommentarfunktion bei Statusmeldungen, Fotos, Aktivitäten von Freunden	0,772	0,239	0,216
Pinnwandmessage	0,692	0,144	0,217
Chat	0,677	0,154	
Postfach	0,598	-0,223	0,111
Pokes (z.B. Geschenke, Umarmungen an Freunde schicken)	0,103	0,810	
Tests, Spiele, usw.	0,142	0,810	0,215
Gruppen		0,296	0,826
Fotoalbum oder Videoalbum	0,360		0,790

Hauptkomponenten-Faktorenanalyse mit Varimax-Rotation

In der Folge wird nun gezeigt, welche dieser Interaktionstools die Nutzer besonders häufig und intensiv nutzen und welche eher ein Randdasein fristen.

Kommunikationstools

Es zeigt sich deutlich die hohe Kommunikationsorientierung der Nutzer: Am häufigsten genutzt wird die Kommentarfunktion: 14% der Nutzer kommentieren mehrfach täglich, weitere 27% einmal pro Tag, d.h. insgesamt wird diese Funktion von 41% der Nutzer zumindest täglich genutzt.

Zweigeteilt ist die Nutzungsintensität der Chatfunktion: Einerseits geben 29% der Befragten an zumindest einmal täglich eine Nachricht auf diesem Wege zu versenden oder zu erhalten. Andererseits gibt ein weiteres Viertel der Nutzer (26%) auch an, dies weniger als einmal im Monat zu tun.

Tabelle 10: Nutzungshäufigkeit der Kommunikationstools (in Prozent)

In % (*N=295*)	Postfach	Chat	Kommentare	Pinnwand	Statusmeldung	Durchschnitt
mehrfach täglich	8,5	13,7	14,2	7,3	12,5	11,2
täglich	9,5	15,0	27,1	14,2	18,9	16,9
mehrfach pro Woche	28,8	29,9	31,1	27,3	28,6	29,1
mehrfach pro Monat	30,3	15,7	14,8	33,3	19,8	22,8
seltener als einmal im Monat	17,2	9,4	8,3	13,1	10,9	11,8
nie	5,7	16,4	3,5	4,8	9,2	7,9
Gesamt	100	100	100	100	100	100

Auch die Statusmeldung wird relativ intensiv genutzt: 13% der Befragten aktualisieren die Statusmeldung mehrfach täglich, weitere 19% machen dies zumindest einmal am Tag. Insgesamt nutzt somit fast ein Drittel (31%) der Nutzer diese Anwendungsmöglichkeit zumindest einmal täglich.

Weniger Bedeutung haben bei den Kommunikationstools Pinnwand-Messages (22% tägliche Nutzer) und das Postfach (18% tägliche Nutzer). Letzteres verzeichnet gleichzeitig einen hohen Anteil an Nutzern, die die Postfachfunktion auf Facebook weniger als einmal im Monat verwenden (22%). Diese Zweiteilung der Nutzungsgewohnheiten von Chat und Postfach kann dadurch erklärt werden, dass beides Kommunikationstools darstellen, die eine sehr ähnliche Funktion erfüllt, wie sie auch außerhalb des Online Social Networks schon länger im Internet bekannt ist. Somit stehen die beiden Tools von Facebook in direkter „Konkurrenz" zu Instant-Chat Angeboten oder offenen Chat-Räumen bzw. zum klassische Email-Verkehr. Sie stellen somit keinen direkten kommunikativen Mehrwert dar und sind zudem auf die Kommunikation mit Mitgliedern innerhalb der Facebook-Community beschränkt.

Unterhaltungstools

Erstaunlich hoch fällt bei den Unterhaltungstools die Nutzungsfrequenz von Spielen oder Tests auf Facebook aus: Ein knappes Drittel (32%) der Nutzer verwendet diese Angebote zumindest täglich. Dieses Tool stellt somit die am zweithäufigsten genutzte Anwendung von Facebook überhaupt dar.

Tabelle 11: Nutzungshäufigkeiten der Unterhaltungstools (in Prozent)

in Prozent (N=295)	Tests, Spiele	Pokes	Durch-schnitt
mehrfach täglich	16,7	2,6	9,6
täglich	15,2	5,6	10,4
mehrfach pro Woche	23,3	7,9	15,6
mehrfach pro Monat	19,8	11,2	15,5
seltener als einmal im Monat	13,2	25,5	19,4
nie	11,8	47,3	29,5

Kaum Anklang finden hingegen die sogenannten Pokes, worunter virtuelle Geschenke, Umarmungen oder sonstige Zuneigungsbekundungen gemeint sind.

Fast die Hälfte (47%) der Befragten nutzt dieses Tool nie, ein weiteres Viertel (26%) weniger als einmal im Monat.

(Selbst-)Präsentationstools

Bei den Tools zur Selbstdarstellung haben Foto- bzw. Videoalben noch die höchste Bedeutung, indem sie von etwas weniger als jedem Fünften (18%) täglich genutzt werden, jeder Fünfte nutzt sie jedoch weniger als einmal im Monat. Noch weniger Nutzungsfrequenz weisen die Facebook-Gruppen auf, mehr als die Hälfte der Nutzer (56%) verwendet diese Anwendung weniger als wöchentlich. Dies ist ein Hinweis darauf, dass sich die zweiseitige Rekrutierung der Befragungsteilnehmer gelohnt hat und es trotz Posting des Umfragelinks in Facebook Gruppen-Foren zu keiner Überrepräsentation von in Gruppen außergewöhnlich engagierten Nutzern gekommen ist.

Tabelle 12: Nutzungshäufigkeiten der Präsentationstools (in Prozent)

in Prozent (N=295)	Foto-/Videoalbum	Gruppen	Durchschnitt
mehrfach täglich	4,7	1,8	6,3
täglich	13,6	6,9	13,1
mehrfach pro Woche	20,9	21,2	23,6
mehrfach pro Monat	32,5	28,5	26,9
seltener als einmal im Monat	19,9	27,8	19,5
nie	8,4	13,7	10,4

Um insgesamt noch eine Vergleichsmöglichkeit zwischen den drei zentralen Arten von Interaktionstools von Facebook, den Kommunikations-, den Unterhaltungs- und den Präsentationstools, zu schaffen, wurden jeweils die durchschnittlichen Nutzungsfrequenzhäufigkeiten berechnet. Dabei erweisen sich die Kommunikationstools als die am häufigsten genutzten Anwendungen: Mehr als ein Viertel der Nutzer (28%) verwenden diese Tools zumindest einmal am Tag.

Während bei den zumindest täglichen Nutzern Unterhaltungs- und Präsentationstools in der durchschnittlichen Häufigkeit nahezu gleichauf liegen, erweisen sich bei den Nichtnutzern bzw. „seltener als einmal im Monat"-Nutzer die Präsentationstools als weniger regelmäßig genutzt. Dies ist vor allem durch die sehr geringe Nutzungsfrequenz der Gruppenanwendung bedingt.

In diesem Zusammenhang wurde auch die in Hypothese H5c geäußerte Vermutung überprüft, dass Frauen verstärkt die Kommunikationstools nutzen würden und Männer eher zur Selbstdarstellung neigen. Diese klischeehafte Vorstellung von der höheren Kommunikationsbereitschaft der Frauen und der größeren Bedeutung von Selbstpräsentation für Männer konnte im Rahmen der Facebook-Nutzung nicht bestätigt werden, da ein Mittelwertvergleich mit T-Test nur nicht signifikante Unterschiede zwischen den Geschlechtern ausweist.

6.4. Stellenwert der Facebook-Nutzung

Um den Stellenwert der Facebook-Nutzung insgesamt festzuhalten, wird nicht nur einfach die Nutzungshäufigkeit des Online Social Network insgesamt oder einzelner Interaktionstools im Speziellen untersucht, sondern auch direkt nach dem emotionalen Stellenwert des Netzwerkes für die Nutzer gefragt.

Die Befragungsteilnehmer wurden gebeten, anhand einer 5-stufigen Skala (1=stimme überhaupt nicht zu bis 5=stimme voll und ganz zu) anzugeben, ob bzw. wie stark sie folgenden Aussagen zustimmen:

Facebook ist Teil meines täglichen Lebens.

Ich bin stolz, wenn ich jemandem sagen kann, dass ich auf Facebook bin.

Facebook ist zu einem fixen Bestandteil meines täglichen Lebens geworden.

Ich fühle mich von der Realität abgeschnitten, wenn ich längere Zeit nicht auf Facebook eingeloggt war.

Ich fühle mich als Teil der Facebook Gemeinschaft.

Die höchste Zustimmung (stimme eher zu, stimme voll und ganz zu) erhielt die Aussage, dass „Facebook Teil des täglichen Lebens" sei; fast zwei Drittel (63%) aller Befragten empfinden dies so. Dies ist auch die einzige Aussage, bei der sich signifikante geschlechtsspezifische Unterschiede zeigen (Cramer´s $V=0{,}208$, $p<0{,}05$). Deutlich mehr Männer als Frauen lehnen diese Aussage vollkommen ab, sehen also Facebook nicht als einen Teil des täglichen Lebens.

Noch einen Schritt weiter geht die Aussage, dass Facebook „zu einem fixen Bestandteil des täglichen Lebens geworden ist“, was im Gegensatz zur erstangeführten Formulierung bereits den Aspekt der fixen Integration in die alltäglichen „Pflichten“ enthält. Auch dieser Aussage stimmt noch die Mehrheit der Befragten (47%) eher oder voll und ganz zu. Geteilt sind die Meinungen jedoch darüber, ob man Stolz empfindet, weil man bei Facebook dabei ist: jeweils 42% widersprechen dieser Aussage explizit (stimme überhaupt nicht zu, stimme eher nicht zu) oder haben hierzu eine ambivalente Meinung.

Tabelle 13: Stellenwert der Facebook-Nutzung

N= 295 ín Prozent	stimme über-haupt nicht zu	stimme eher nicht zu	weder noch	stimme eher zu	stimme voll und ganz zu
Facebook ist Teil meines täglichen Lebens	8,2	11,9	16,6	37,2	26,0
Ich bin stolz, wenn ich jemandem sagen kann, dass ich auf Facebook bin.	24,3	18,1	42,2	12,2	3,3
Facebook ist zu einem fixen Bestandteil meines täglichen Lebens geworden	15,0	21,2	17,1	35,6	11,1
Ich fühle mich von der Realität abgeschnitten, wenn ich längere Zeit nicht auf Facebook eingeloggt war.	48,1	21,7	15,4	11,6	3,1
Ich fühle mich als Teil der Facebook Gemeinschaft	18,2	16,2	28,9	27,5	9,3

Geteilt scheint die Meinung auch dazu, inwiefern sich die Nutzer als Teil der Facebook-Gemeinschaft fühlen: Jeweils ein gutes Drittel lehnen diese Aussage für sich persönlich ab (34%) während auf der anderen Seite etwas mehr als ein Drittel (37%) sich sehr wohl als Teil der Facebook-Gemeinschaft fühlt.

Überwiegend Ablehnung erfährt jedoch die Aussage, dass man „sich von der Welt abgeschnitten fühlt, wenn man sich längere Zeit nicht in Facebook eingeloggt hat“: Mehr als zwei Drittel (69%) widersprechen dieser Aussage.

Insgesamt kann man also festhalten, dass Facebook für viele Nutzer sehr wohl zu einem wichtigen Teil des täglichen Lebens geworden ist (für Frauen noch zu einem etwas höheren Grad als für Männer), wobei für einen Teil dabei durchaus auch ein Gemeinschaftsgefühl entstehen kann, jedoch Facebook nicht zu DEM Referenzpunkt zur sozialen Außenwelt gesehen wird, da auch bei längerer Facebook-Abwesenheit dies nicht als „Abschnittensein von der Realität“ empfunden wird.

Um den Stellenwert der Facebook-Nutzung mittels einer zusammenfassenden Skala darzustellen, wurden die bereits vorgestellten fünf Items zusammen mit Angaben zur Anzahl der Freunde auf Facebook sowie die durchschnittliche Nutzungsdauer des Online Social Networks in Anlehnung an die Studie von Ellison et al. (2006: 14) zur Facebook Intensitäts-Skala zusammengeführt. Die Reliabilität der Skala wurde mittels Reliabilitätsanalyse getestet und weist mit einem Cronbach´s Alpha von 0,79 einen durchaus akzeptablen Wert auf. Da die Items zur Nutzungsdauer bzw. der Freundeszahl und die fünf Items zum Stellenwert der Facebook-Nutzung unterschiedlich skaliert waren, wurde sie für die Reliabilitätsanalyse standardisiert.

Verglichen mit den Befunden der Studie von Ellison et al. (2006: 14), die ausschließlich mit Studierenden an einer US-amerikanischen Universität durchgeführt wurde, zeigen sich hier grundlegende Unterschiede. Während bei der US-Studie die befragten Studierenden noch als besonders wichtige Aspekte das Gefühl ein „Teil der Facebook-Gemeinschaft zu sein“ sowie einen gewissen „Stolz zeigten, wenn sie anderen Leuten sagen konnten, dass sie in diesem Netzwerk aktiv sind“, spielen diese Aspekte bei den hier befragten deutschsprachigen Nutzern eine eher untergeordnete Rolle. Ein Grund dafür kann sein, dass im Zeitraum der US-Untersuchung Facebook nach wie vor in erster Linie auf die studentische Nutzerschaft ausgerichtet war, wodurch eine Mitgliedschaft bei Facebook auch gleichzeitig eine Mitgliedschaft als Studierender ausdrückte, was durchaus von einer gewissen emotionalen Relevanz sein kann. Nur wer auf Facebook dabei war, war somit auch ein vollwertiger Bestandteil der studentischen Gemeinschaft. Dieser Faktor fällt jedoch mittlerweile durch die Öffnung von Facebook für alle Bevölkerungsgruppen weg, wodurch auch die Gemeinschaft in Facebook zu einem immer heterogeneren Gemisch unterschiedlichster Personen geworden ist, die teilweise einzig und allein durch ihre Mitgliedschaft im Online Social Network verbunden sind.

Tabelle 14: Überblick über Facebook-Intensitäts-Skala

	Mittelwert	Standard-abweichung
Facebook Intensitäts Index 1	-0,012	0,673
Cronbach´s Alpha = 0,79		
Facebook ist Teil meiner täglichen Aktivität	3,81	1,223
Ich bin stolz, wenn ich jemandem sagen kann, dass ich auf Facebook bin.	2,52	1,086
Facebook ist zu einem fixen Bestandteil meines täglichen Lebens geworden.	3,06	1,269
Ich fühle mich von der Realität abgeschnitten, wenn ich längere Zeit nicht in Facebook eingeloggt war.	2,00	1,177
Ich fühle mich als ein Teil der Facebook Gemeinschaft.	2,94	1,239
Facebook Nutzung	3,37	1,622
Freunde	3,79	2,020

[1] Die einzelnen Items wurden vor der Berechnung von Cronbach´s Alpha standardisiert, da diese auf unterschiedlichen Skalen beruhten.

6.5. Die Motive der Facebook Nutzung

Was aber führt eigentlich dazu, dass Facebook zu so einem wichtigen Bestandteil im Leben der Nutzer werden kann? Sind es tatsächlich in erster Linie, die kommunikativen Möglichkeiten, die, wie oben bereits gezeigt, die stärkste Nutzungsfrequenz erfahren? Oder sind es in Wirklichkeit soziale, informations-

oder unterhaltungsorientierte Motive, die hinter der wiederholten Facebook Zuwendung stehen?

Um diese Fragen zu klären, wurden die Befragungsteilnehmer nach den Motiven ihrer Facebook-Nutzung befragt. Mittels Faktorenanalyse wurden aus diesem Fragenblock zusammenhängende Motiv-Dimensionen extrahiert. Eine Hauptkomponenten-Faktorenanalyse mit Varimax-Rotation, die mit einem Kaiser-Meyer-Olkin Wert von 0,727 noch eine gut annehmbare Eignung aufwies, ergab dabei vier Motiv-Faktoren, die folgende Items enthielten:

Motiv-Dimension 1 – allgemeine Informationsfunktion: *„um etwas über neue Musik oder Filme herauszufinden", „um über aktuelle Trends informiert zu bleiben", „um hilfreiche Informationen zu bekommen", „um neue Menschen kennenzulernen".* – Hier steht somit in erster Linie der Aspekt des Informationeneinholens über bestimmte Fachbereiche, Trends oder auch im Fall von konkreten Problemstellungen im Mittelpunkt. Mit dieser Informationssuche ist oft auch das Kennenlernen von neuen Personen verbunden, die etwa ähnliche Interessen teilen, sich für gleiche Fachbereiche interessieren, sich gegenseitig Ratschläge geben können.

Motiv-Dimension 2 – Soziale Informationsfunktion: *„um Näheres über jemanden herauszufinden, den ich bereits im realen Leben getroffen habe", „um mehr über andere Personen aus meiner Umgebung zu erfahren", „um herauszufinden, was sich in meinem Bekanntenkreis tut"* – Bei dieser Dimension geht es zwar ebenfalls um Informationen, aber diese Informationen beziehen sich nicht auf allgemeine Themen sondern vielmehr auf persönliche Aspekte bereits bekannter Personen. Der soziale Aspekte und das bessere gegenseitige Kennenlernen bilden das Kernmotiv dieser Dimension.

Etwas problematisch erwies sich in diesem Fall die Zuordnung des Items „um herauszufinden, was sich in meinen Bekanntenkreis tut": Dieses Items wies sowohl bei der Dimension „Soziale Informationsfunktion" als auch bei „Soziale Kontaktpflege" etwa gleich hohe Faktorenladungen auf. Aufgrund theoretischer Überlegungen wurde das Item aber trotzdem in der Analyse behalten und der Dimension der „sozialen Informationsfunktion" zugeordnet. Diese Entscheidung wurde deshalb getroffen, da es auch hier in erster Linie um den Austausch von Informationen geht, was zwar durchaus für die soziale Kontaktpflege von Bedeutung ist, die jedoch über diesen reinen Informationsaspekt deutlich hinausgeht.

Motiv-Dimension 3 – Facebook als Zeitvertreib: *„um eine Pause von meinen Arbeiten zu machen“, „um freie Zeit auszufüllen“.* – In dieser Dimension werden alle Formen der Facebook-Nutzung zusammengefasst, die in erster Linie dazu dienen, freie Zeit auszufüllen. Dies kann entweder eine Entspannungsfunktion übernehmen, indem man sich für die Nutzung des Netzwerkes bewusst eine Auszeit von aktuellen Arbeiten nimmt, oder aber auch eine Möglichkeit Langeweile zu verhindern, indem etwa über Facebook mit anderen kommuniziert oder auch Spiele und Tests durchgeführt werden können.

Motiv-Dimension 4 – Facebook zur sozialen Kontaktpflege: *„nur zur Unterhaltung“, „um mit alten Freunden in Kontakt zu bleiben“* – Hier steht die Funktion der Kommunikation im Zentrum. Die Facebook-Nutzer sehen das Netzwerk als wichtigen Bestandteil zur Pflege bestehender Kontakte, vor allem jener Kontakte, die etwa auf Grund von geographischer Entfernung nur schwer im realen Leben zu pflegen sind. Das Item „nur zur Unterhaltung“ erwies sich bei dieser Auswertung als etwas zweideutig. Der Begriff „Unterhaltung“ kann einerseits, wie in diesem Fall geschehen, als Bezeichnung für eine kommunikative Interaktion zwischen Personen gesehen werden. Andererseits kann er aber auch im Sinne von „Zeitvertreib“ sozusagen als Gegenteil von Langeweile verstanden werden. Für weitere Untersuchungen erscheint es daher notwendig, dieses Item genauer zu definieren, um Missverständnisse auf Grund dieser Zweideutigkeit zu vermeiden. Im Rahmen dieser Untersuchung wird das Item „Unterhaltung“ als Kommunikationsakt gesehen, was auch der Zuordnung der Faktorenanalyse entspricht, im Rahmen derer das Item mit der Kontaktpflege in Verbindung gebracht wird.

Wie wichtig sind aber nun den Nutzern die in den vier Dimensionen zusammengefassten Motive? Um detaillierten Einblick in die Nutzungsmotive zu erlangen, werden in der Folge die Einschätzungen der Nutzer zu den einzelnen Items dargestellt. Zu jeder Aussage mussten die Befragten auf einer 5-stufigen Skala angeben, wie sehr sie dieser Aussage zustimmen bzw. sie ablehnten.

Ganz klar zeigt sich dabei der eindeutig herausragende Stellenwert der Kontaktpflege mit alten Freunden. Neun von zehn Befragte (90%) gaben an, dass dieses Motiv auf ihre Facebook Nutzung zutrifft. Aber auch dem Unterhaltungsaspekt wird von fast drei Viertel (72%) der Nutzer als Motiv zugestimmt, was sich zweifellos mit den Befunden zur Nutzung unterschiedlicher Interaktionstools deckt.

Tabelle 15: Faktorenladungen zu den vier Motiv-Dimensionen

	Faktor 1 Allg. Information	Faktor 2 Soziale Information	Faktor 3 Zeitvertreib	Faktor 4 Soziale Kontaktpflege
...um etwas über neue Musik oder Filme herauszufinden.	,884			
...um über aktuelle Trends informiert zu bleiben.	,832	,125	,116	
...um hilfreiche Informationen zu bekommen	,762	,253	-,142	
...um neue Menschen kennenzulernen.	,547	,152		,288
...um Näheres über jemanden herauszufinden, den ich bereits im realen Leben getroffen habe.	,127	,877	,111	
...um mehr über andere Personen aus meiner Umgebung zu erfahren.	,255	,831		
...um eine Pause von meinen Arbeiten zu machen.		,134	,852	
...um freie Zeit auszufüllen.			,777	,196
... nur zur Unterhaltung.		-,127	,110	,816
...um mit alten Freunden in Kontakt zu bleiben		,313		,643
...um herauszufinden, was sich in meinem Bekanntenkreis tut. [1]	,194	,420	,173	,435

Hauptkomponenten-Faktorenanalyse mit Varimax-Rotation

[1]Dieses Item wurde trotz geringer Faktorenladung bzw. nicht eindeutiger Zuordnung zu den extrahierten Faktoren aufgrund theoretischer Überlegungen in der Analyse belassen und dem Faktor 2 „soziale Informationsfunktion" zugeordnet.

Ebenfalls wichtig ist Facebook für das „herausfinden, was sich in meinem Bekanntenkreis tut", dem 80% der Befragten zustimmten. Eng damit verbunden ist

„das Herausfinden von Näherem über jemanden, den man bereits im realen Leben getroffen hat“, dem 61% der Nutzer zustimmten bzw. „um mehr über Menschen in meiner Nähe zu erfahren“, was bei 54% auf Zustimmung stieß, womit die Funktion von Facebook als Informationsvermittler für soziale Beziehungen angesprochen ist.

Interessant ist auch der Faktor des Zeitvertreibs (59%) sowie Facebook als Pausefüller (56%). Dieses Motiv deutet ebenfalls auf eine gewisse Unterhaltungs bis hin zur Ablenkungsorientierung der Nutzer hin.

Auf überwiegende Ablehnung stießen jedoch primär sachinformationsorientierte Motive („Infos über aktuelle Trends“ 60% stimme nicht zu; „hilfreiche Informationen zu bekommen“ 69% stimme nicht zu; „Etwas über neue Musik oder Filme herauszufinden“ 75% stimme nicht zu). Dies weist darauf hin, dass Facebook keineswegs in erster Linie als Informationsplattform gesehen wird, wenn es um allgemeine Themen geht.

Erstaunlich hoch fällt auch die Ablehnung zu dem Motiv „um neue Menschen kennenzulernen“ aus. Mehr als die Hälfte aller Befragten (55%) gab an, dies sei kein persönliches Motiv ihrer Facebook Nutzung.
Auch das Alter ändert an dieser Einstellung nichts. Hypothese H5a *„Je jünger ein User ist, desto eher wird Facebook zur Kontaktaufnahme mit "fremden" Personen genutzt.“* wurde mittels linearer Regression mit dem Alter als unabhängiger und der Einstellung zum Motiv „neue Menschen kennenzulernen“ als abhängige Variable überprüft. Dabei zeigte sich kein signifikanter Einfluss des Alters auf die Einstellung, d.h. auch jüngere Nutzer sehen in Facebook nicht in stärkerem Maße eine Möglichkeit neue Menschen kennenzulernen, als dies bei älteren Nutzern der Fall ist.

Ein ähnliches Bild zeigt sich auch bei der Überprüfung von Hypothese H5b *„Personen aus Wohnorten, mit wenigen Einwohner, nutzen Facebook stärker zur Kontaktaufnahme mit bisher unbekannten Personen als Bewohner von Großstädten.“*. Auch hier zeigte sich bei dem Regressionsmodell kein signifikanter Einfluss der Wohnortgröße auf die Zustimmung zum Nutzungs-Motiv „Facebook um neue Menschen kennenzulernen“. Es hat sich somit die Vermutung bestätigt, dass Personen aus kleineren Gemeinden die Weiten des Online Social Networks verstärkt nutzen, um eventuell durch geographische Bedingungen eingeschränkte Kontaktmöglichkeiten zu neuen Personen auszugleichen. Für Nutzer aus der Großstadt (über 1 Million Einwohner) als auch

Nutzer aus Gemeinden unter 10.000 Einwohnern ist das Motiv der Kontaktaufnahme in gleichem Maße von eher untergeordneter Bedeutung.

Nach dieser detaillierten Darstellung der Einstellung zu konkreten Motiven soll nun noch einmal auf einer höheren Abstraktionsebene, der Ebene der vier Motivdimensionen zusammenfassend gezeigt werden, was die grundlegenden Antriebe für die Nutzung von Facebook sind:

Es zeigt sich sehr deutlich, dass vor allem die Motiv-Dimensionen 4 (Facebook zur sozialen Kontaktpflege) und 2 (Soziale Informationsfunktion) die häufigste Zustimmung finden, während Motiv-Dimension 1 (allgemeine Informationsfunktion) eindeutig von eher untergeordneter Bedeutung als Motivationsfaktor für die Facebook-Nutzung sind. Motiv-Dimension 3 (Facebook als Zeitvertreib) nimmt eine Mittelstellung ein.

Teilweise deckt sich dies auch mit den Befunden, der bereits erwähnten US-amerikanischen Studie von Ellison et al. (2006: 15), bei denen ebenfalls die Motive Soziale Kontaktpflege bzw. Soziale Information sehr wichtig erschienen. Einen etwas höheren Stellenwert als bei den hier befragten deutschsprachigen Facebook-Nutzern nimmt bei den 2006 befragten US-Studierenden der Aspekt des Zeitvertreibs mittels Facebook ein. Überstimmung gibt es hingegen wieder bei dem Aspekt der allgemeinen Informationsfunktion, der sich auch bei der US-Studie als am wenigsten wichtig für die Nutzer erwies.

Tabelle 16: Mittelwertvergleich Motive für Facebooknutzung und Geschlecht

Motiv	Geschlecht	arithmetischer Mittelwert	Signifikanz
Motiv 1: allgemeine Information	männlich	2,2974	
	weiblich	2,1620	
Motiv 2: soziale Information	männlich	3,5101	
	weiblich	3,5341	
Motiv 3: Zeitvertreib	männlich	3,1043	**
	weiblich	3,4553	
Motiv 4: soziale Kontaktpflege	männlich	3,8966	**
	weiblich	4,1201	

*** <0,001, ** <0,01 *<0,05

Neben diesen allgemeinen Befunden zeigen sich im Bereich der Motive auch interessante geschlechtsspezifische Unterschiede: Für Frauen ist der Aspekt des „Zeitvertreibs“ sowie der „Sozialen Kontaktpflege“ von signifikant höherer Bedeutung als dies bei Männern der Fall ist. Bei der allgemeinen und der sozialen Informationsfunktion unterscheiden sich die Geschlechter jedoch kaum.

Zusammenfassend lässt sich festhalten, dass bei Facebook eindeutig sozial orientierte Motive dominieren, wobei die Kontaktpflege und die damit verbundene Informationssammlung zu bereits bekannten Kontaktpersonen im Mittelpunkt steht. Zusätzlich wird auch der Unterhaltungsaspekt von Facebook geschätzt, sei es nun um freie Zeit auszufüllen oder aber um das Social Network bewusst als Grund für eine Pause von Arbeiten einzusetzen. Als Informationsquelle zu allgemeinen Themen oder Kontaktbörse für neue Bekanntschaften wird Facebook jedoch kaum gesehen.

6.6. Interaktionsmuster mit „weak ties“ vs. „strong ties“

Im Zentrum dieser Arbeit steht die Frage, welche Interaktionsmuster Facebook-Nutzer vor dem Hintergrund neuer kommunikativer Möglichkeiten über das Online Netzwerk mit ihren engen (strong ties) und ihren schwachen (weak ties) Beziehungen anwenden. Welcher Aspekt des Sozialkapitals kann also im Rahmen von computervermittelter Kommunikation gebildet bzw. gepflegt werden? Inwiefern können über Facebook gebildete bzw. gepflegte Kontakte für private, emotionale und berufliche Situationen und Probleme genutzt werden und stellen somit eine Art von „online social capital“ dar?

Bestätigt sich die Annahme, dass über das Online Social Network in erster Linie schwache Bindungen geknüpft bzw. gepflegt werden?

Um diese Fragen zu klären, wurden den Befragten insgesamt fünf Situationsbeschreibungen vorgelegt, bei denen es um die Kontaktaufnahme bzw. Bitte um Hilfe von bereits bekannten Personen geht. Die Befragungsteilnehmer wurden gebeten, den Vornamen oder Initialen jener Person einzutragen, die sie im Fall der konkreten Situationsbeschreibung kontaktieren würden. Diese explizite Nennung einer Person wurde weniger auf Grund inhaltlicher Fragen verlangt, als vielmehr auf Grund methodischer Überlegungen. Durch das Niederschreiben eines Namens bzw. der Initialen sollte sichergestellt werden, dass sich die Befragungsperson bei der Beantwortung aller nachfolgenden Fragen tatsächlich auf diese eine konkrete Person bezieht. Würde dies nicht verlangt, liegt die Annahme nahe, dass die Befragungsteilnehmer leichter allgemeine Antworten geben, die sich jedoch nicht mehr auf tatsächliche Personen in ihrem sozialen Netzwerk beziehen, was jedoch wichtige Grundlage für die Unterscheidung in starke und schwache Beziehung darstellte.

Nach der Nennung eines Namens bzw. der Initialen wurde zu den jeweils genannten Personen erhoben, ob die erste Kontaktaufnahme mit dieser Person a.) „online aber nicht über Facebook", b.) „über Facebook" oder aber c.) „offline", d.h. im realen Leben erfolgt ist. Weiters wird der Beziehungsgrad erhoben, ob es sich dabei um „Familienmitglieder", „Partner", „enge Freunde" oder aber „eher lockere Bekannte" handelt. Als dritter Aspekt wird erhoben, ob diese kontaktierte Person auch auf Facebook registiert ist oder nicht. Und abschließend wird zur Erfassung des Kommunikationsverhaltens mit dieser Person die Nutzungshäufigkeit von Chat, Postfachnachricht auf Facebook, Kommentare zu Statusmeldungen, Fotos etc., Telefonanruf, SMS/MMS sowie von persönlichen Treffen ermittelt.

Auf diese Weise soll ein Profil der Beziehungsform des Befragten mit der jeweils kontaktierten Person erstellt werden, das mit dem spezifischen Interaktionsverhalten in Beziehung gesetzt wird.

Folgende fünf Situationsbeschreibungen wurden den Befragten dabei vorgelegt:

1. *Stellen Sie sich vor, es ist mitten in der Nacht und Sie brauchen dringend Hilfe. Wen würden Sie anrufen?(strong ties)*
2. *Wenn Sie sich im Notfall 50 Euro von jemandem borgen müssten, wer würde Ihnen dieses Geld borgen?(strong ties)*
3. *Sie müssen eine wichtige persönliche Entscheidung treffen. Von wem würden Sie sich dazu einen Rat holen?(strong ties)*
4. *Stellen Sie sich vor, Sie brauchen Informationen zu einem sehr speziellen Thema. Ein(e) eher flüchtige(r) Bekannte(r) von Ihnen kennt sich in diesem Bereich sehr gut aus. Würden Sie diese(n) Bekannte(n) kontaktieren, um an die Infos zu kommen? (weak ties)*
5. *Sie sind auf der Suche nach einem neuen Arbeitsplatz. Wen aus Ihrem Freundes- bzw. Bekanntenkreis würden Sie deswegen um Hilfe bitte?(weak ties)*

Die ersten drei Situationsbeschreibungen sind in erster Linie auf die Erfragung von engen Beziehungen ausgelegt, da anzunehmen ist, dass vor allem starke Bindungen im Falle von privater (Situation 1), materieller (Situation 2) und emotionaler Unterstützung (Situation 3) kontaktiert werden.

Die Situationen 4 und 5 zielen hingegen auf die Aktivierungen von eher schwachen Beziehungen ab. In Anlehnung an Granovetters Befund (1995) über die Bedeutung der „weak ties“ für die Informationsvermittlung (Situation 4) und die Arbeitsplatzsuche (Situation 5) sollen diese Fragen über die eher lockeren Beziehungen Aufschluss geben.

6.6.1. Kontaktort von weak vs. strong ties

Grundsätzlich zeigt sich, dass die erwähnten Kontaktpersonen bei allen fünf Situationsbeschreibungen durchwegs im realen Leben kennengelernt wurden. Hier lassen sich also keinerlei Unterschiede zwischen den Personen, die für Hilfestellungen in privater, materieller oder emotionaler Hinsicht kontaktiert werden, und jenen, die für Informationsvermittlung bzw. Arbeitsplatzsuche aufgesucht werden, erkennen.

Tabelle 17: Kontaktort von weak vs. strong ties

N=295 in Prozent	über Facebook	Internet/ nicht Facebook	im realen Leben	Gesamt
Frage 1: in der Nacht Hilfe benötigen	0,3	4,3	95,4	100
Frage 2: 50 Euro borgen	0,7	2,2	97,1	100
Frage 3: Rat für persönliche Entscheidung	0,3	4,2	95,5	100
Frage 4: Informationen zu einem speziellen Thema	3,4	5,8	90,9	100
Frage 5: Arbeitsplatzsuche	0,8	3,0	96,2	100

6.6.2. Bindungsstärke weak vs. strong ties

Die Frage nach der Bindungsstärke zu der erwähnten Kontaktperson gibt einen wichtigen Hinweis darauf, inwiefern die fünf ausgewählten Situationsbeschreibungen tatsächlich in unterschiedlichem Ausmaß enge und eher lockere Bindungen aktivieren können.

Einzige Ausnahme bildet dabei die Situationsbeschreibung 4, bei der bereits in der Angabe explizit angegeben wurde, dass es sich bei der kontaktierten Person um eine eher lockere Bekanntschaft handeln soll. Auf diese Weise sollte sichergestellt werden, dass mittels dieser Fragengruppe zumindest einmal explizit Hinweise auf das Interaktionsverhalten mit eher lockeren Beziehungspersonen geliefert werden.

Tabelle 18: Bindungsstärke weak vs. strong ties

N=295 in Prozent	Familie	Partner	Freund	Bekannter	Gesamt
Frage 1: in der Nacht Hilfe benötigen	22,1	16,3	57,3	4,3	100
Frage 2: 50 Euro borgen	45,2	10,9	39,1	4,8	100
Frage 3: Rat für persönliche Entscheidung	28,8	13,8	55,1	2,2	100
Frage 4: Informationen zu einem speziellen Thema	0,0	0,0	0,0	0,0	100
Frage 5: Arbeitsplatzsuche	25,3	5,1	41,4	28,2	100

Aber auch beim Vergleich der anderen vier verwendeten Situationsbeschreibungen zeigt sich die beabsichtigte unterschiedliche Aktivierung von starken vs. schwachen Bezugspersonen relativ gut. Während bei den ersten drei Situationsbeschreibungen, die auf die Ermittlung von „strong ties“ abzielten, als Beziehungsart entweder „Freund“ (Situation 1: 57%; Situation 3: 55%) oder aber „Familienmitglied“ (Situation 2: 45%) eindeutig überwiegt und „lockere Bekannte“ eine eindeutig zu vernachlässigende Rolle spielen, liegt bei Situation 5, die für die „weak ties“ steht, der Anteil der lockeren Bekannten mit 28% weit über den Anteilen in den anderen abgefragten Situationsbeschreibungen. Zwar liegt auch bei Situation 5 der Anteil der genannten Freunde mit 41% noch über dem Anteil der lockeren Bekannten, was vermutlich durch die stets problematische und subjektive Differenzierung von „Freund“ und „Bekannter“ mitverursacht wird. Interpretationsentscheidend kann aber der im Vergleich zu allen anderen Situationsbeschreibungen eindeutig höchste Anteil der lockeren Bekannten in Situation 5 gesehen werden, was als Bestätigung gewertet werden kann, dass mit dieser Situation tatsächlich verstärkt auch schwache Bindungsformen abgefragt werden.

6.6.3. Facebook-Aktivität der Bezugsperson

Damit Interaktion auf Facebook überhaupt erfolgen kann, muss die genannte Bezugsperson auch auf der Online Social Plattform aktiv sein, weshalb auch danach gefragt wurde.

Insgesamt zeigt sich eine durchaus verbreitete Facebookpräsenz der meisten Bezugspersonen. Auffällig ist, dass bei jenen Situationsbeschreibungen, bei denen überwiegend Freunde als Kontaktpersonen genannt wurden (Situation 1 und 3) auch die Mehrheit auf Facebook aktiv ist. Lediglich bei der zweiten Situationsbeschreibung, bei der überwiegend Familienmitglieder kontaktiert werden, ist nur die Hälfte der Bezugspersonen auf Facebook aktiv.

Bei den Situationsbeschreibungen zu den „weak ties“ fällt auf, dass einerseits bei Situation 4, bei der explizit auf die Kontaktaufnahme mit einer eher lockeren Bekanntschaft insistiert wird, zwei Drittel dieser Kontaktpersonen ebenfalls auf Facebook aktiv sind. Andererseits ist aber bei Situation 5, die ebenfalls „weak ties“ ansprechen soll, mehr als die Hälfte der genannten Kontaktpersonen nicht auf Facebook aktiv. Während also Situation 4 die Vermutung bestätigt, dass gerade bei lockeren Bekanntschaften die gegenseitige Präsenz im Online Social Network von Relevanz ist, widerspricht Situation 5 dem jedoch wieder. Eine eindeutige Aussage darüber, inwiefern die gegenseitige Präsenz im Online Social Networks für eher lockere Bekanntschaften ausschlaggebend ist, ist daher auf der vorliegenden Datengrundlage nicht möglich.

Wichtig werden diese Befunde vor allem in der Folge, wenn die Interaktionsmuster mit den genannten Bezugspersonen sowohl in Hinblick auf computervermittelte als auch auf traditionelle Kommunikationsformen analysiert werden.

Tabelle 19: Facebook-Aktivität der Bezugsperson

N=295 in Prozent	Ja, aktiv	Nein, nicht aktiv	Gesamt
Frage 1: in der Nacht Hilfe benötigen	61,3	38,7	100
Frage 2: 50 Euro borgen	50,6	49,4	100
Frage 3: Rat für persönliche Entscheidung	55,4	44,6	100
Frage 4: Informationen zu einem speziellen Thema	66,4	33,6	100
Frage 5: Arbeitsplatzsuche	44,4	55,6	100

6.6.4. Kommunikationskanäle zur Interaktion

Um der Frage nachzugehen, welche Interaktionspfade Facebook-Nutzer für die Kontaktpflege mit ihren festen bzw. ihre schwachen Bindungen wählen und welche Bedeutung dabei computervermittelte Kommunikationsformen haben, wird in der Folge für alle fünf abgefragten Situationsbeschreibungen dargestellt, auf welche Weise mit der genannten Bezugsperson interagiert wird.

Da nicht alle genannten Bezugspersonen auch auf Facebook aktiv sind, werden bei der Auswertung nur jene Fälle herangezogen, bei denen die Kontaktperson auch im Online Social Network aktiv ist, da nur auf diese Weise Aussagen über den unterschiedlichen Stellenwert von Online- vs. traditionellen Kommunikationskanälen möglich sind.

Zudem wurde bei Situationsbeschreibung 5, die primär auf eher schwache Bindungen abzielt, bei der jedoch dennoch eine relativ große Anzahl an „Freunden" genannt wurden, nur die Fälle einbezogen, bei denen tatsächlich die Interaktion mit einem „lockeren Bekannten", der auf Facebook aktiv ist, angegeben wurde. Dadurch wird sichergestellt, dass mit Situationsbeschreibung 4 und 5 tatsächlich die schwachen Bindungsformen abgefragt werden, die mit den Situationen 1-3, bei denen wie beabsichtigt eindeutig in erster Linie starke Bindungen genannt wurden, kontrastiert werden können.

Situationsbeschreibung 1: Hilfe in der Nacht

Bei der ersten der auf starke Bindungen ausgerichteten Situationsbeschreibung zeigt sich sehr deutlich, dass die traditionellen Kommunikationskanäle, wie das Telefon (55%) und das persönliche Treffen (76%), aber auch Kurzmitteilungen via SMS oder MMS (52%) am häufigsten für die Interaktion mit engen Bezugspersonen genutzt werden. Die Kommunikationstools von Facebook, wie der Chat (38% nie) oder eine Nachricht im Postfach (48% nie) werden für die Kommunikation mit diesen starken Bindungen nicht benutzt. Lediglich die Möglichkeit zur Kommentierung von Statusmeldungen oder Bilder dieser Person werden von immerhin jeweils einem Drittel zumindest regelmäßig (33%) oder selten (35%) benutzt.

Tabelle 20: Kommunikationspfade Situation 1: Hilfe in der Nacht

N=295 in Prozent	sehr oft	regel- mäßig	selten	nie	Ge- samt
Chat	9,4	15,5	37,0	38,1	100
Nachricht im Facebook-Postfach	1,6	9,9	40,5	48,0	100
Kommentar zu Status, Bilder	12,4	32,6	34,9	20,1	100
Telefonanruf	54,8	33,8	8,8	2,6	100
SMS/MMS	52,3	30,7	14,5	2,6	100
persönliches Treffen	75,9	22,0	0,0	2,1	100

Situationsbeschreibung 2: 50 Euro borgen

Ein recht ähnliches Bild zeigt sich auch bei der zweiten Situationsbeschreibung zu den starken Bindungen („50 Euro borgen"): Auch hier dominieren, wenn auch in etwas abgeschwächter Form, die traditionellen Kommunikationskanäle wie

Telefon (49% sehr oft) und persönliche Treffen (66% sehr oft), ebenso wie die Kommunikation via SMS/MMS (43% sehr oft). Auch in diesem Fall werden die Kommunikationsmöglichkeiten mittels Online Social Network nie bis maximal selten verwendet. Am unbeliebtesten scheint in diesem Fall die Kommunikation via Nachricht im Facebook Postfach (48% nie), gefolgt von der Chatfunktion (38% nie; 39% selten). Auch hier ist die am häufigsten genutzte Interaktionsmöglichkeit des Online Social Networks die Möglichkeit zur Kommentierung, die von knapp einem Drittel der Befragten (31%) regelmäßig und von weiteren 39% selten genutzt wird. Das Online Social Network scheint auch hier nur ein ergänzender Kommunikationskanal zu sein.

Tabelle 21: Kommunikationspfade Situation 2: 50 Euro borgen

N=295 in Prozent	sehr oft	regel-mäßig	selten	nie	Gesamt
Chat	6,7	16,0	39,3	37,9	100
Nachricht im Facebook-Postfach	3,2	10,6	38,0	48,2	100
Kommentar zu Status, Bilder	7,1	31,3	39,2	22,4	100
Telefonanruf	49,0	32,4	14,6	4,1	100
SMS/MMS	42,6	31,8	17,9	7,6	100
persönliches Treffen	65,9	28,6	5,5	0,0	100

Situationsbeschreibung 3: persönlicher Ratschlag

Auch bei der dritten Situationsbeschreibung zu starken sozialen Bindungen wiederholt sich dieses bereits gezeigte Interaktionsmuster: Auch in diesem Fall dominieren Telefonanrufe (45% sehr oft) und persönliche Treffen (67% sehr oft) gefolgt von SMS/MMS (42% sehr oft) die kommunikativen „Begegnungen“ der Nutzer. Facebook basierte Interaktionspfade werden von den Befragtsteilnehmern durchwegs selten bis nie verwendet, wie etwa der Chat (36% selten, 36% nie), die Nachricht im Facebook-Postfach (41% selten, 38% nie) und die Kommentare zu Statusmeldungen, Fotos oder anderen Aktivitäten der Bezugspersonen (39% selten, 31% regelmäßig).

Tabelle 22: Kommunikationspfade Situation 3: Persönlicher Ratschlag

N=295 in Prozent	sehr oft	regel-mäßig	selten	nie	Gesamt
Chat	10,7	17,2	35,9	36,2	100
Nachricht im Facebook-Postfach	4,3	16,9	41,3	37,5	100
Kommentar zu Status, Bilder	11,3	30,9	39,4	18,5	100
Telefonanruf	44,8	37,3	11,8	6,2	100
SMS/MMS	41,8	37,3	16,9	4,0	100
persönliches Treffen	67,1	26,1	5,9	0,8	100

Situationsbeschreibung 4: Informationen bekommen

Betrachtet man nun im Vergleich zu den Interaktionsmuster bei den oben vorgestellten starken Bindungen, die gewählten Kommunikationskanäle für die schwachen Bindungen, so zeigen sich doch einige grundlegende Unterschiede: Die starke Bedeutung klassischer Kommunikationskanäle wie Telefon, persönliches Treffen oder aber auch SMS/MMS verschwindet bei der Interaktion mit eher lockeren Bekannten vollkommen bzw. wandeln sich ins Gegenteil: Ein Drittel der Befragten (33%) telefoniert nie mit der genannten lockeren Bezugsperson, ähnlich verhält es sich beim Schreiben von SMS/MMS (21% nie). Auch persönliche Treffen finden deutlich seltener statt, nahezu die Hälfte der Befragten (49%) gibt an, nur selten persönliche Treffen mit der genannten lockeren Bezugsperson zu haben.

Trotz dieser Einschränkung der klassischen Kommunikationskanäle kommt es jedoch im Gegenzug keineswegs zu der erwarteten Verlagerung der Kontakte auf onlinebasierte Kommunikationsmöglichkeiten. Auch diese werden überwiegend selten, teilweise sogar überhaupt nicht verwendet (Chat 33% selten, 44% nie / Nachricht im Postfach 43% selten; 38% nie / Kommentare 48% selten; 26% nie).

Insgesamt zeigt sich somit ein deutlich eingeschränkteres Kommunikationsverhalten zu diesen lockeren Bekanntschaften, was zum Teil auch in der Charakteristik einer „lockeren Bekanntschaft" begründet sein dürfte. Erstaunlich erscheint jedoch, dass auch die eher distanzierteren und unaufdringlicheren Kommunikationskanäle wie Postfach-Nachricht oder Kommentar kaum genutzt werden, was gerade für eher weniger persönliche und weniger intensivere Beziehungsformen zu erwarten gewesen wäre.

Tabelle 23: Kommunikationspfade Situation 4: Informationen bekommen

N=295 in Prozent	sehr oft	regel-mäßig	selten	nie	Ge-samt
Chat	8,7	13,9	33,2	44,2	100
Nachricht im Facebook-Postfach	4,0	15,6	42,7	37,7	100
Kommentar zu Status, Bilder	7,7	17,5	48,4	26,4	100
Telefonanruf	15,6	12,6	38,5	33,3	100
SMS/MMS	10,4	23,1	35,2	31,3	100
persönliches Treffen	21,8	18,8	49,0	10,3	100

Situationsbeschreibung 5: Arbeitsplatzsuche

Wie bereits erwähnt, wurden bei der Auswertung dieser Situationsbeschreibung nur jene Fälle einbezogen, bei denen tatsächlich eine schwache Bindung zur Bezugsperson angegeben wurde und diese zudem auf Facebook aktiv ist. Durch diese Einschränkung wird zwar die Fallzahl kritisch reduziert (N=29), dennoch lassen sich auch in Rückbezug auf die andere Situationsbeschreibung zu den „weak ties" durchaus sinnvolle Interpretationen der Verteilung machen.
Wie bereits auf den ersten Blick erkennbar, gleicht das Interaktionsmuster dieser Situationsbeschreibung der bereits oben erläuterten, die sich ebenfalls auf schwache Bindungen bezogen hat. Auch hier spielen weder die traditionellen Kanäle (Telefon 45% selten, 33% nie/ persönliches Treffen 44% selten; 19% nie/ SMS, MMS 45% selten, 33% nie) noch die Kommunikationstools von Facebook (Chat 64% nie / Nachricht im Postfach 67% nie / Kommentar 43% nie) eine große Rolle. Auch hier werden also die im Vergleich zu den starken Beziehungen zurückgehenden direkten Kontakte nicht durch computervermittelte Kommunikation ersetzt.

Tabelle 24: Kommunikationspfade Situation 5: Arbeitsplatzsuche

N= 29 in Prozent	sehr oft	regel- mäßig	selten	nie	Ge- samt
Chat	0,0	4,3	31,9	63,8	100
Nachricht im Facebook-Postfach	0,0	4,3	29,0	66,7	100
Kommentar zu Status, Bilder	0,0	14,5	42,1	43,4	100
Telefonanruf	2,9	18,8	44,8	33,4	100
SMS/MMS	4,3	11,6	40,6	43,5	100
persönliches Treffen	15,9	21,7	43,5	18,8	100

6.6.5. Zusammenfassung weak ties vs. strong ties

Vergleicht man die Interaktionsmuster in starken und schwachen Bindungen so zeigt sich die große Bedeutung klassischer Kommunikationswege wie Telefonate oder persönliche Treffen zwischen den engen Kontaktpersonen. Eine zwar elektronisch unterstützte Kommunikationsform, die jedoch nicht an die computervermittelte Kommunikation gebunden ist, stellt mit dem Versenden von Kurzmitteilungen (SMS oder MMS) via Handy zusätzlich eine wichtige Kommunikationsform zwischen Personen mit engen Bindungen dar. Die Kommunikationstools von Facebook werden hingegen kaum in der Interaktion mit „strong ties" eingesetzt.

In Hinblick auf schwache Bindungen war zu erwarten, dass es zu einer verstärkten Verlagerung weg von den direkten Interaktionsformen wie Telefonieren oder persönliche Treffen, hin zu einer computerbasierten Kommunikation kommt. Dies kann jedoch im Rahmen dieser Untersuchung nicht bestätigt werden. Zwar gingen sehr wohl wie erwartet die direkten persönlichen Interaktionen via Face-to-Face-Treffen und Telefon zurück, diese wurden jedoch nicht durch eine verstärkte Nutzung anderer (computervermittelter) Kommunikationswege ersetzt bzw. ergänzt.

Dies widerspricht der Annahme, dass Online Social Networks im Kommunikationsrepertoire für die Interaktion im Rahmen schwacher Bindungen eine bedeutendere Rolle spielen als im Bereich der starken Bindungen.

6.6.6. Beantwortung der Forschungsfragen

Ausgehend von diesen Befunden sollen in der Folge die zu diesem Bereich aufgestellten Forschungsfragen noch einmal zusammenfassend beantwortet werden.

Forschungsfrage 1: Wie wirkt sich die Nutzung von Online Social Networks auf Interaktionen in bestehenden Beziehungen aus?

H1a: Wenn die Bindung an die "Freunde" eher schwach eingeschätzt wird, dann beschränken sich die Kontakte stärker auf die Online Ebene.

H1b: Wird Hilfestellung (Rat, materielle Zuwendung etc.) für eher schwerwiegende persönliche Probleme benötigt, dann wenden sich die Personen vor allem an Freunde aus dem Real Life.

Wie die Auswertungen gezeigt haben, wirken sich Online Social Networks sehr wohl auf das subjektive Beziehungsempfinden der Nutzer aus. Vor allem für die Beziehungspflege mit eher lockeren Bekannten, zu denen insgesamt auch kein so enger Kontakt besteht, wird Facebook geschätzt und als durchaus förderlich für die Bindungsintensität erlebt. Interessanterweise zeigt sich diese hoch eingeschätzte Bedeutung des Online Social Network nicht unmittelbar in den Kommunikationsmustern, bei denen die computerbasierten Interaktionstools des Online Social Network auch bei den „weak ties“ eher wenig genutzt werden. Betrachtet man jedoch das Verhältnis von traditioneller (Face-To-Face-Treffen, Telefonat, SMS/MMS) und den facebookbasierten Kommunikationsmöglichkeiten (Postfachnachricht, Chat, Kommentar) so zeigt sich sehr deutlich, dass diese bei der Interaktion mit eher lockeren Bekanntschaften einen deutlich höheren Stellenwert hat, als bei jener mit engen Freunden oder Familienmitgliedern.

Somit kann Hypothese 1a *„Wenn die Bindung an die "Freunde" eher schwach eingeschätzt wird, dann beschränken sich die Kontakte stärker auf die Online Ebene.“* zwar nicht in absoluten Zahlen verifiziert werden, in Bezug auf das Verhältnis zwischen Online und Offline-Kontakten jedoch durchaus als zutreffend bewertet werden. Besonders in Hinblick auf die subjektive Einschätzung der Nutzer zur Eignung von Interaktionen über das Facebook-Netzwerk bestätigt sich der Befund, dass diese Art der Online-Kommunikation eindeutig für die Kommunikation mit lockeren Beziehungen als geeigneter bewertet wird, als für die Interaktion mit engen Freunden oder Familienmitgliedern.

Hypothese 1b *„Wird Hilfestellung (Rat, materielle Zuwendung etc.) für eher schwerwiegende persönliche Probleme benötigt, dann wenden sich die Personen vor allem an Freunde aus dem Real Life."* kann mittels der vorliegenden Datenbasis nicht zufriedenstellend überprüft werden, da sich gezeigt hat, dass die überwiegende Mehrheit aller im Rahmen der Situationsbeschreibungen genannten Bezugspersonen im realen Leben und nicht über Facebook oder sonstige Onlinekontakte kennengelernt wurden. Dies und die Tatsache, dass mehr als die Hälfte der Befragten der Aussage widersprechen, dass sie „Facebook nutzen um neue Kontakten zu finden", bestätigt die Annahme, dass Facebook tatsächlich in erster Linie eine Plattform zur Pflege und Förderung bestehender Kontakte ist und nicht primär zur Erweiterung des eigenen sozialen Netzwerkes genutzt wird. Durch diese Ausrichtung des Online Social Networks erklärt sich auch der verschwindend geringe Anteil jener, die tatsächlich derartige Beziehungen über das Netzwerk aufgebaut haben, dass diese auch spontan im Rahmen der fünf abgefragten Situationsbeschreibungen genannt werden.

6.7. Nutzungsauswirkungen von Facebook

6.7.1. Veränderungen des Kommunikationsverhaltens

Neben den verschiedenen Interaktionsmuster mit starken und schwachen Bindungspartnern und den durch das Online Social Network erweiterten Kommunikationsmöglichkeiten stellt sich auch die Frage, inwiefern es durch die Facebook Nutzung zu Veränderungen bestehender Kommunikationsmuster kommt.

Da im Rahmen einer Querschnittserhebung kein Zeitreihenvergleich möglich ist, wird als Indikator für die Veränderung die subjektive Selbsteinschätzung der Facebook Nutzer herangezogen.

Diese wurden zunächst danach befragt, ob sie glauben, dass sich generell ihr Kommunikationsverhalten durch die Facebook Nutzung verändert hat und in einem zweiten Schritt wurden sie in Hinblick auf eine mögliche Nutzungsverschiebung von Telefon, SMS/MMS bzw. persönlichen Treffen hin zur Kommunikation via Online Social Network befragt.

Dabei zeigen sich leicht widersprüchliche Aussagen: Bei der Frage nach der generellen Veränderung des Kommunikationsverhaltens durch die Nutzung des

Online Social Networks sind immerhin fast die Hälfte (48%) der Nutzer davon „eher schon“ bzw. „voll und ganz“ von einer allgemeinen Veränderung überzeugt. Männer und Frauen zeigen in dieser Hinsicht keine signifikant unterschiedliche Selbstwahrnehmung.

Wird jedoch konkreter nach Verschiebungen im Kommunikationsverhalten mit traditionellen Medien oder durch direkte Face-to-Face-Kontakte gefragt, so verneinen dies die Mehrheit der Befragten: Am stärksten fällt die Verneinung einer Veränderung in Hinblick auf eine Abschwächung persönlicher Treffen aus: 72% der Befragten haben dies nicht persönlich für sich erlebt. Aber auch eine Tendenz zu weniger Telefonaten (41% überhaupt nicht) oder weniger SMS/MMS (43% überhaupt nicht) wird weder von den befragten Männern noch von den befragten Frauen wahrgenommen.

Tabelle 25: Nutzungsauswirkungen von Facebook

N=295 in Prozent	überhaupt nicht	eher nicht	weder noch	eher schon	voll und ganz	Gesamt
Kommunikationsverhalten durch Facebook verändert	11,1	26,0	14,1	44,2	4,6	100
Durch Facebook-Nutzung weniger telefoniert	40,7	27,2	15,6	15,5	1,0	100
Durch Facebook-Nutzung weniger SMS/MMS	42,5	21,4	13,3	20,1	2,7	100
Durch Facebook-Nutzung weniger persönliche Treffen	71,7	19,3	8,4	0,3	0,3	100

In diesem Punkt stellt sich nun auch die Frage, worin dann die in der allgemeinen Frage nach Veränderung des Kommunikationsverhaltens allgemeine Zustimmung begründet liegt. Möglicherweise liegen die wahrgenommen Veränderungen bzw. Nutzungsverschiebungen durch Facebook eher im Bereich der computervermittelten Kommunikation selbst, indem etwa vormals ausgelagerte Chat-Aktivitäten oder Emails nun mittels der im Online Social Network integrierten Chat- und Message-Anwendungen ausgeübt werden können. Dies ist ein Punkt, der in weiteren Studien jedenfalls genauer zu untersuchen sein wird, um eine gezieltere Einschätzung der Ergebnisse zu erreichen.

Eine weitere Erklärung kann auch sein, dass die Veränderung keineswegs in Richtung einer Abnahme bestehender Kommunikationskanäle stattfindet, sondern es eher zu einer allgemeinen Ausweitung der Kommunikation kommt, im Sinne einer durch das Online Social Network angeregten Intensivierung bestehender Kontakte, die dann aber in erster Linie in Interaktionen außerhalb der Online Plattform weitergeführt werden, wodurch sich insgesamt die Kommunikationsfrequenz durch Netzwerke wie Facebook erhöht.

6.7.2. Veränderungen sozialer Beziehungen

Neben Veränderungen im Bereich des Kommunikationsverhaltens lässt die Nutzung sozialer Online Netzwerke aber auch Veränderungen im Bereich sozialer Beziehungen und dabei im Speziellen der Kontaktpflege zu engen Freunden, Familienmitgliedern aber auch lockeren Bekannten erwarten.

Auch hierzu wurde als Indikator für die Veränderung die subjektive Wahrnehmung der befragten Facebook Nutzer herangezogen.

Tabelle 26: Auswirkungen auf soziale Beziehungen

N=295 in Prozent	sehr stark geschwächt	geschwächt	weder noch	gestärkt	sehr stark gestärkt	Gesamt
enge Freunde	1,1	0,4	79,5	16,9	2,0	100
lockere Bekannte	0,9	0,0	35,0	58,1	6,1	100

Es zeigte sich dabei ein deutlicher Unterschied zwischen engen und eher lockeren Beziehungsformen: Während in Hinblick auf die Beziehung zu engen Freunden die Mehrheit der Befragten (80%) weder positive noch negative Auswirkungen ihrer Facebook-Aktivität feststellen, werden für die Kontaktpflege mit lockeren Bekannten durchwegs positive Auswirkungen des Online

Social Networks artikuliert: 58% der Befragten sind der Meinung, dass diese Beziehung durch das Netzwerk gestärkt wurde, 6% glauben sogar, dass sie sehr stark gestärkt wurde.

Dies entspricht auch den oben bereits ausgeführt Befunden zur großen Bedeutung von Online Social Network zur Pflege schwache Bindungen.

Interessant ist in diesem Zusammenhang auch der Geschlechtervergleich, bei dem sich zeigt, dass Frauen die stärkenden Auswirkungen der Facebook-Nutzung auf die Beziehung mit lockeren Bekannten signifikant höher einschätzen als Männer. Keinerlei geschlechtsspezifischen Unterschiede gibt es jedoch bei der Beziehung zu engen Freunden.

Tabelle 27: Auswirkungen auf soziale Beziehungen im Geschlechtervergleich

	Geschlecht	arithmetischer Mittelwert	Signifikanz
Beziehung zu engen FreundInnen	Männer	3,13	
	Frauen	3,23	
Beziehung zu lockeren Bekannten	Männer	3,58	**
	Frauen	3,78	

*** <0,001, ** <0,01 *<0,05

Um diesen Eindruck möglicher Auswirkungen der Facebook-Nutzung auf soziale Beziehungen noch abzusichern, wurden die Befragungsteilnehmer auch gebeten einzuschätzen, wie gut sich Facebook für die Kommunikation mit a.) engen Freunden b.) lockeren Bekannten und c.) Familienmitgliedern eignet.

Hier bestätigt sich das oben bereits angedeutete Bild, dass Facebook sowohl von Männern als auch von Frauen in erster Linie für die Kommunikation mit lockeren Bekannten geschätzt wird. Insgesamt fast 9 von 10 der Befragten (89%) empfinden das Online Social Network als „gut" oder „sehr gut" geeignet für die Kommunikation mit lockeren Bekannten. Bei den engen Beziehungen, zu Freunden oder Familienmitgliedern, zeigt eine große Gruppe ambivalente Meinungen (Weder noch: Freunde 30%; Familienmitglieder 34%). Bei den Familienmitgliedern überwiegt insgesamt sogar die Sichtweise, dass Facebook hierbei als Kommunikationstool „schlecht“ (22%) bis „sehr schlecht“ (22%) geeignet ist. Für die Kommunikation mit engen Freunden wird Facebook hingegen von immerhin noch 42% als „gut“ oder „sehr gut“ geeignet eingestuft. Grundsätzlich lässt sich somit festhalten, dass im Gegensatz zu den Befunden aus der indirekten Befragung in Hinblick auf die fünf abgefragten Interaktionsszenarien, bei denen weak ties und strong ties abgefragt wurden, bei der direkten Frage, inwiefern sich das Online Social Network für die Pflege von schwachen Kontakten eignet, die Nutzer sehr wohl eine ausgesprochenen hohe Eignung von Facebook sehen. Ganz im Gegensatz zu den engen Bindungen, für die nach wie vor eher klassische Interaktionsformen außerhalb des Internets genutzt werden und daher auch das Online Social Network auch nur bedingt als geeignetes Kommunikationsmittel eingeschätzt wird.

Tabelle 28: Eignungen von Facebook zur Kommunikation

Wie gut eignet sich Facebook zur Kommunikation mit... (in Prozent, N=259)	sehr schlecht	schlecht	weder noch	gut	sehr gut	Gesamt
… engen Freunden	9,1	18,6	30,0	28,8	13,4	100
… lockeren Bekannten	0,7	1,6	9,1	62,7	25,9	100
… Familienmitgliedern	21,5	22,4	34,1	16,0	6,0	100

6.8. Soziale Bindungsformen im Spannungsfeld Online- vs. Offline Kontakte

Ganz zentral scheint in diesem Fall die Frage, inwiefern im Rahmen von Online Social Networks tatsächliche neue Beziehungsformen entstehen (können.)

Aufgrund rein theoretischer Überlegungen ergeben sich dabei folgende mögliche Bindungsformen im Spannungsfeld zwischen Online- und Offline-Interaktion, die anhand der graduellen Bedeutung von Offlinekontakten differenziert werden können:

Typ 1: Reine Onliner: Online Kontaktaufnahme und Online Beziehungspflege ohne Verlagerung in Offline-Kontakte

Typ 2: Onliner mit seltenen Offline-Kontakten: Online Kontaktaufnahme und -Pflege mit seltener Verlagerung in Offline-Kontakte

Typ 3: Onliner mit Verlagerung in Offline-Kontakte: Online Kontaktaufnahme und Verlagerung von Kontaktpflege und Aufbau auf überwiegende Offline-Kontakte.

Typ 4: Offliner mit Verlagerung auf Online-Kontakte: Offline Kontaktaufnahme und Kommunikationsverlagerung auf überwiegend Online Kontakte

Typ 5: Offliner mit seltenen Online-Kontakten: Offline Kontaktaufnahme, Aufnahme in Online Netzwerk aber weiterhin überwiegender Kontakt Offline

Typ 6: reine Offliner: ausschließlicher Kontakt außerhalb des Internet

Als Hypothese H2a wurde davon ausgegangen, dass bei den Facebook NutzerInnen v.a. Bindungsformen von Typ 2 und Typ 5 eine zentrale Rolle spielen.

Auch hier ergibt sich für eine detaillierte Auswertung das Problem der sehr marginal auftretenden reinen Online-Kontaktaufnahme. Allein aus diesem Grund kann schon einmal konstatiert werden, dass Typ 1, d.h. die reine Online-Bekanntschaft ohne jegliche Verlagerung in Offline Kontakte, keine zentrale Rolle im sozialen Netzwerk der Facebook Nutzer spielt. Nicht einmal im Bereich der „weak ties“ werden solche Beziehungstypen in relevantem Ausmaß genannt.

Ähnliches gilt für die Beziehungstypen 2 und 3, die ebenfalls auf eine Kontaktaufnahme via Online-Interaktion ausgerichtet sind. Auch diese sind unter den Befragten auf Grund der geringen Fallzahl von Online etablierten Beziehungen nicht eindeutig nachzuprüfen.

Für die Unterscheidung zwischen Typ 4 und Typ 5, die beide auf einer ursprünglich Offline stattgefundenen Bekanntschaft beruhen, dient vor allem das Ausmaß der Online-Interaktion zwischen diesen Partner. Wie die Analyse der Kommunikationskanäle von weak ties vs. strong ties gezeigt hat, dominiert vor allem bei den starken Bindungen nach wie vor die Offline-Interaktion. Bei den eher schwachen Bindungen gewinnt die Online-Interaktion anteilsmäßig zwar an Bedeutung, von einer generellen Verlagerung auf überwiegend computervermittelte Kommunikation kann auch im Fall von lockeren Beziehungsformen nicht gesprochen werden.

Insgesamt kann somit Hypothese 2a nur sehr eingeschränkt beantwortet bzw. verifiziert werden. Es hat sich gezeigt, dass die theoretisch konstruierbaren

Bindungstypen im Spannungsfeld zwischen Online- und Offline-Interaktion zumindest im Rahmen dieser Studie zum Online Social Network Facebook keineswegs so differenziert in Erscheinung treten. Die eindeutige Mehrheit aller Kontakte, die über das Netzwerk gepflegt werden, basieren auf einem Kennenlernen in der realen Welt und das computerbasierte Netzwerk wird nur als Ergänzung zu bestehenden traditionellen Kommunikationsformen verwendet.

6.9. Auswirkungen der Nutzungsintensität auf Interaktionsstrukturen

Wie aber wirkt sich die Nutzungsintensität von Online Social Networks auf die Interaktion mit engen und schwachen Bindungen (weak vs. strong ties) aus?

Folgende Annahmen erscheinen in diesem Zusammenhang plausibel:

H3a: Je intensiver eine Person Facebook nutzt, desto häufiger steht die Kommunikationsfunktion mit bestehenden UND neuen Freunden im Mittelpunkt.

H3b: Kommunikation über das Online Netzwerk reduziert nicht die Kommunikation in der Face-to-Face-Konstellation, sondern löst andere indirekte Kommunikationsformen, wie Telefon oder SMS ab.

H3c: Je intensiver die Facebook-Nutzung, desto höher ist auch der Anteil an Freunden, die online kennengelernt wurden.

Um Hypothese H3a beantworten zu können, wurde ein Mittelwertsvergleich der gebildeten Indizes zu den vier Motivationsdimensionen „allgemeine Informationsfunktion“, „soziale Informationsfunktion“, „Zeitvertreib“ und „Soziale Kontaktpflege“ in Bezug auf Wenignutzer vs. Intensivnutzer durchgeführt.

Dabei zeigten sich signifikante Unterschiede in den Nutzungsmotiven: Für Intensivnutzer sind alle vier Motiv-Dimensionen („Allgemeine Information“, „Soziale Information“ und „Zeitvertreib“, „Soziale Kontaktpflege“) von signifikant größerer Bedeutung als für die Wenignutzer, wobei jedoch die größte Differenz der Mittelwerte bei der „Sozialen Information“ liegt (Wenignutzer 3,19; Intensivnutzer 3,82) Die geringsten, aber dennoch signifikanten Unterschiede zeigen sich bei der „Sozialen Kontaktpflege“, die sehr zentral kommunikative Aktivitäten widerspiegelt. In Bezug auf die Hypothese H3a lässt sich somit festhalten, dass tatsächlich die Intensivnutzer auch in Hinblick auf den Motivationsaspekt der Kommunikation höhere Werte aufweisen, als die Wenignutzer. Jedoch fällt auf, dass in dem stark kommunikativ ausgerichteten Motiv 4 der Unterschied zwischen Wenig- und Intensivnutzern deutlich geringer ausfällt, als bei den anderen drei abgefragten Motivgruppen. Dies spricht dafür, dass tendenziell die Kommunikation auch für Wenignutzer den wichtigsten Motivator für die Facebooknutzung darstellt.

Tabelle 29: Mittelwertsvergleich Motivation bei Wenig- vs. Intensivnutzern

	Facebook Nutzung 3er Skala	arithmetisches Mittel	Signifikanz
Motiv 1: Allgemeine Information	Wenignutzer (bis 30 min)	1,8683	***
	Intensivnutzer (mehr als 2h)	2,4299	
Motiv 2: Soziale Information	Wenignutzer (bis 30 min)	3,1894	***
	Intensivnutzer (mehr als 2h)	3,8172	
Motiv 3: Zeitvertreib	Wenignutzer (bis 30 min)	3,1687	**
	Intensivnutzer (mehr als 2h)	3,5738	
Motiv 4: Soziale Kontaktpflege	Wenignutzer (bis 30 min)	3,8838	*
	Intensivnutzer (mehr als 2h)	4,1048	

*** <0,001, ** <0,01 *<0,05

Auch Hypothese H3b „Kommunikation über das Online Netzwerk reduziert nicht die Kommunikation in der Face-to-Face-Konstellation, sondern löst andere indirekte Kommunikationsformen, wie Telefon oder SMS ab.“ muss verworfen werden, da sich sehr deutlich gezeigt hat, dass es weder zu einer Reduktion der Face-to-Face-Interaktion noch in Hinblick auf die indirekten Kommunikationsformen Telefon oder SMS gekommen ist. Dies zeigt sich weder in den realen Nutzungsgewohnheiten der Befragten noch in den subjektiven Einschätzungen über die Auswirkung der Facebook-Nutzung auf andere Kommunikationsformen. Auch diese Befunde sprechen dafür, dass das Online Social Network auf kommunikativer Ebene in erster Linie eine Ergänzung bzw. Erweiterung bereits bestehender Kommunikationsmuster darstellt, aber keineswegs eine Reduzierung dieser bewirkt.

Hypothese H3c *„Je intensiver die Facebook-Nutzung, desto höher ist auch der Anteil an Freunden, die online kennengelernt wurden."* kann ebenfalls nur sehr beschränkt beantwortet werden, da wie schon mehrfach thematisiert, der Anteil der Online geknüpften Freundschaften zu gering ausfällt. Betrachtet man den Zusammenhang dennoch in einer Kreuztabelle, so zeigt sich der eindeutige und statistisch hochsignifikante Zusammenhang (Cramer´s V=01,79, p<0,01), dass Intensivnutzer einen höheren Anteil von Facebook-Freunden haben, die sie online kennengelernt haben, während bei Wenignutzern praktisch alle Freunde im realen Leben, abseits der Computerwelt kennengelernt wurden.

Tabelle 30: Zusammenhang Nutzungsintensität und Anteil Online-Freunde

N=292 Anteil Online Bekanntschaften von Facebook-Freunden	Wenignutzer (bis 30 min)	Normalnutzer (30min - 2h)	Intensivnutzer (mehr als 2h)
Weniger als 10%	97,1%	89,5%	78,7%
10-30%	1,0%	7,0%	9,3%
30-50%	1,0%	0,9%	6,7%
über 50%	1,0%	2,6%	5,3%

6.10. Auswirkungen psycho-sozialer Eigenschaften

Bestehende Untersuchungen konnten Indikatoren dafür finden, dass gewisse psycho-soziale Merkmale (gemessen über die psychologischen "Big Five") einer Person einen Einfluss darauf haben, wie Online Angebote genutzt werden. Ausgehend von diesen Erkenntnissen lassen sich eine Reihe von Hypothesen formulieren, in welcher Art und Weise diese Charakterdispositionen mit der Facebook-Nutzung zusammenhängen können. Eine Auswahl davon wird hier explizit formuliert, wobei jedoch im Rahmen der nachfolgenden Auswertung stets untersucht wurde, wie sich alle fünf erhobenen Persönlichkeitsdimensionen auf folgende Bereiche auswirken:

1. Interaktionsgewohnheiten auf Facebook
2. Anzahl der Facebook-Freunde
3. Einschätzung der Eignung von Facebook für die Kommunikation mit unterschiedlichen Bezugspersonen
4. Nutzungsintensität

Folgende Hypothesen sollen dabei explizit überprüft werden:
H4a: Introvertierte Personen nutzen Facebook stärker als extrovertierte Personen zum Aufbau neuer Kontakte bzw. der Pflege von lockeren Bekanntschaften (weak ties).
H4b: Introvertierte Personen weisen eine geringere Anzahl von "Facebook-Freunden" auf als extrovertierte.
H4c: Personen mit einem geringen Grad an Verträglichkeit sehen in Facebook in geringerem Maße ein ideales Tool zur Pflege von Freundschaften und weisen eine geringere Anzahl von Freunden auf.
H4d: Je stärker eine Person der Dimension "Offenheit für Neues" zustimmt, desto größer werden die Möglichkeiten des Online Social Networks für die Beziehungspflege mit lockeren Bekannten eingeschätzt.
H4e: Personen mit einem hohen Grad an Verlässlichkeit nutzen Facebook vergleichsweise weniger intensiv als Personen mit niedrigeren Verlässlichkeitswerten.
H4f: Je stärker eine Person der Dimension "Offenheit für Neues" zustimmt, desto länger ist die Person bereits bei Facebook registriert.

6.10.1. Persönlichkeitsmerkmale und Interaktionsgewohnheiten

Wie bereits in mehreren Studien nachgewiesen werden konnte, spielen sozialpsychologische Charakterzüge eine nicht zu unbedeutende Rolle im Nutzungsverhalten von Internetanwendungen im Allgemeinen oder Online Social Networks im Speziellen.

Daher wurde auch im Rahmen dieser Untersuchung überprüft, inwiefern sich tatsächlich persönlichkeitsbedingte Unterschiede im Nutzungsverhalten ergeben.

Als Persönlichkeitstest wurde dazu mit dem „Big Five Inventory" gearbeitet, bei dem die Aspekte Neurotizismus, Extraversion, Offenheit für neue Erfahrungen, Verträglichkeit und Verlässlichkeit erhoben werden.

Zur Überprüfung inwiefern die verwendeten Items dieses Persönlichkeitstest tatsächlich die genannten fünf Dimensionen abdecken, würden sie einer Faktorenanalyse (Hauptkomponentenanalyse mit Varimax-Rotation; KMO=0,676) unterzogen.

Dabei zeigte sich, dass zwei Items („zurückhaltend sein", „verzeihen können") sehr geringe Faktorenladungen aufweisen, und daher aus der Indexerstellung ausgeklammert wurden. Somit wurden gemäß der fünf extrahierten Faktoren, die mit den ursprünglichen in der Skala vorgesehenen Items abgedeckt wurden, folgenden Indizes der Charaktermerkmale berechnet:

1. *Neurotizismus*: „sich oft Sorgen machen", „leicht nervös werden", „entspannt sein, mit Stress gut umgehen können" (-)
2. *Extraversion*: „kommunikativ, gesprächig sein", „ aus sich herausgehen können, gesellig sein"
3. *Offenheit für neue Erfahrungen*: „originell sein, neue Ideen einbringen", „künstlerische Erfahrungen schätzen", „eine lebhafte Phantasie, Vorstellung haben"
4. *Verträglichkeit*: „manchmal etwas grob zu anderen sein" (-) , „rücksichtsvoll und freundlich mit anderen umgehen"
5. *Verlässlichkeit*: „gründlich arbeiten", „eher faul sein" (-), „Aufgaben wirksam und effizient erledigen"

Bezogen auf alle Befragungsteilnehmer zeigt sich, dass der Aspekt der Extraversion jene sozialpsychologische Charaktereigenschaft ist, welche die befragten Facebook-Nutzer am stärksten aufweisen (Mittelwert = 4,07), gefolgt von „Offenheit für Neues" (3,76) und „Verträglichkeit" (3,73). Jene Eigenschaft mit der geringsten durchschnittlichen Zustimmung ist hingegen der Neurotizismus (Mittelwert 2,91).

Zusammenfassend lässt für die befragten Facebook-Nutzer insgesamt festhalten, dass sie eher extrovertierte Menschen sind, die eine relativ hohe Offenheit für Neues aufweisen und sehr verträglich im Umgang mit anderen Menschen sind. Diese Befunde widerlegen Klischees, von sozial inkompetenten

Computerfreaks bzw. der hauptsächlichen Nutzung von Online Social Networks durch introvertierte Personen, die die computervermittelte Kommunikation nutzen, um soziale Hemmschwellen zu überwinden. Vielmehr scheint das Gegenteil der Fall zu sein, dass nämlich gerade die sozial sehr aktiven und offenen Menschen Online Social Networks überdurchschnittlich häufig nutzen und ihre sozialen Netzwerke auf diese Weise pflegen.

Tabelle 31: Übersicht Mittelwerte der Charakter-Indizes

	Anzahl	arithmetischer Mittelwert	Standardabweichung
Big Five: Index Verlässlichkeit	289	3,64	0,79
Big Five: Index Extraversion	288	4,07	0,82
Big Five: Index Offenheit für Neues	289	3,76	0,75
Big Five: Index Neurotizismus	287	2,91	0,84
Big Five Index Verträglichkeit (ohne Item "verzeihen können")	291	3,73	0,82

In der Folge wird nun konkret auf die formulierten Hypothesen eingegangen und diese schrittweise auf ihre Gültigkeit überprüft.

In Bezug auf H4a *„Introvertierte Personen nutzen Facebook stärker als extrovertierte Personen zum Aufbau neuer Kontakte bzw. der Pflege von lockeren Bekanntschaften"* wurde mittels eines auf dem T-Test basierten Mittelwertvergleich überprüft, inwiefern Introversion vs. Extraversion die Zustimmung bzw. Ablehnung zum Motiv der Facebook-Nutzung „neue Menschen kennenzulernen" beeinflussen. Dabei zeigt sich, dass zwar jene, die das „Kennenlern"-Motiv als nicht zutreffend bewertet haben, ein minimal geringeres Ausmaß an Extraversion aufweisen als jene, die diesem Motiv zustimmen. Die Unterschiede sind jedoch nicht signifikant, sodass H4a nicht bestätigt werden kann. Introversion bzw. Extraversion scheinen nur einen geringen Einfluss darauf zu haben, ob Facebook zur Kontaktanbahnung mit neuen Personen verwendet wird.

Tabelle 32: Mittelwertsvergleich Extraversion – „neue Kontakte“

N=247	Motiv 11. neue Menschen kennenlernen	Anzahl	arithmetischer Mittelwert	Standard-abweichung
Big Five: Index Extraversion	trifft nicht zu	159	4,03	0,86
	trifft zu	88	4,15	0,83

Dies bestätigt auch der Befund einer linearen Regression, die mit dem ursprünglichen 5-stufigen „Kennenlern“-Motivitem und dem Charakterindex zur Extraversion durchgeführt wurde. Die Regressionsfunktion erwies sich als nicht signifikant, was dahingehen interpretiert werden kann, dass der Aspekt Extraversion vs. Intraversion keinen zentralen Einfluss auf das Motiv des Kennenlernens von neuen Personen über das Online Netzwerk ausübt.

Zusätzlich wurde auch der Zusammenhang zwischen Extraversionsgrad und Kommunikation über Facebook mit lockeren Bekannten mittels linearer Regression geprüft, was jedoch ebenfalls zu keinem signifikanten Modell geführt hat. Somit hat auch das Ausmaß der Extraversion einer Person keinen direkten Einfluss auf den Einsatz und die Nutzung von Facebook zur Kommunikation mit eher lockeren Bekannten.

Zusammenfassend lässt sich somit festhalten, dass die Charakterdimension der Extraversion keine direkte Bedeutung für die Nutzung von Facebook für das Kennenlernen von neuen Bekannten oder aber die Kommunikation mit lockeren Bekannten hat, wie dies in H4a formuliert wurde.

6.10.2. Big Five und Freundeszahl

Wie aber wirken sich die fünf ermittelten Charakterdispositionen auf die Anzahl der Freunde aus? Haben extrovertierte Nutzer mehr Freunde als introvertierte? Wie wirken sich Verlässlichkeit oder Neurotizismus auf die Freundesanzahl aus?

Zur Beantwortung dieser Fragen wurden alle fünf Charakterindizes des Big-Five Tests als unabhängige Variablen in ein lineares Regressionsmodell eingefügt, wobei die Anzahl der Freunde die abhängige Variable darstellte.

Dabei zeigte sich, dass lediglich die Charakterdimensionen „Extraversion", die in einem positiven Zusammenhang mit der Freundesanzahl steht, und „Verlässlichkeit", die hingegen einen negativen Regressionskoeffizienten aufweist, signifikanten Einfluss auf die Anzahl der Freunde innerhalb des Facebook-Netzwerkes haben.

Dies leitet über zur Beantwortung der Hypothese H4b, die konkret die Auswirkungen des Extraversionsgrades eines Nutzers auf die Freundesanzahl in Facebook thematisiert. Dabei zweigt die lineare Regressionsanalyse eine signifikant positive Auswirkung (Beta=0,158, p=0,016) des Extraversionsgrades. Je extro-vertierter ein Nutzer ist, desto mehr Freunde weist somit auch sein Facebook-Netzwerk auf. In Anbetracht der Tatsache, dass die meisten Facebook-Freunde auch Freunde außerhalb des Computernetzwerkes sind bzw. sich vor allem im realen Leben kennengelernt haben, spiegelt dieser Wirkungszusammenhang wohl in erster Linie die Auswirkung der Extraversion auf die Freundeszahl allgemein wider, als dass es sich dabei um ein spezifisches Phänomen der Online-Interaktion handelt. Oder anders formuliert: Extrovertierte Personen verfügen meist im realen Leben über mehr Freunde als introvertierte Personen, was wiederum dazu führt, dass erstere meist auch ein umfangreicheres Facebook-Netzwerk haben als letztere.

Genau umgekehrt verhält es sich bei der Charakterdimension „Verlässlichkeit": Je gewissenhafter ein Facebook-Nutzer ist, desto weniger Freunde hat er innerhalb des Netzwerkes (Beta= -0,141 , p=0,024). Eine Erklärung dafür könnte sein, dass gewissenhafte Personen beim Hinzufügen von neuen Freunden in ihrem Online Social Network selektiver vorgehen als weniger gewissenhafte. Dahinter kann auch ein gewisses Bewusstsein für Aspekte des Datenschutzes stehen, durch das versucht wird, das Online Netzwerk auch tatsächlich nur auf jene Personen zu beschränken, mit denen auch im realen Leben ein vertrauensvoller Kontakt besteht.

Neurotizismus, Offenheit für neue Erfahrungen sowie Verträglichkeit zeigen hingegen keinen signifikanten Einfluss auf die Freundeszahl.

Für Hypothese H4b lässt sich somit festhalten, dass introvertierte Menschen tatsächlich weniger Freunde im Facebook Netzwerk aufweisen als extrovertierte Personen. Die Vermutung liegt jedoch nahe, dass dies kein Spezifikum des Online Social Networks ist, sondern vielmehr durch die unterschiedliche Freundesanzahl im realen Leben bedingt ist. Wichtig ist hierbei vor allem die

Vermutung, dass über Facebook keineswegs fehlende Freunde des „realen Lebens“ ersetzt werden können, sondern dass sich vielmehr der Grad sozialer Eingebundenheit auch im Online Social Network meist ziemlich unmittelbar widerspiegelt.

6.10.3. Charakterdimensionen und Eignungseinschätzung

Interessant erscheint auch die Frage, ob Persönlichkeitsmerkmale eine Rolle bei der Beurteilung von Facebook als Kommunikationstool mit engen Freunden, der Familie sowie Bekannten haben.

Um dies zu ermitteln wurden die fünf Charakterdimensionen als unabhängige Variablen in ein lineares Regressionsmodell aufgenommen, als abhängige Variablen wurden die Items zur Eignung von Facebook für die Kommunikation mit a.) engen Freunden, b.) Familienmitgliedern und c.) lockeren Bekannten angenommen.

Bei der Einschätzung zur Eignung von Facebook zur Kommunikation mit engen Freunden erwies sich zwar das Modell mit p=0,066 als nicht eindeutig signifikant, aber bei den fünf Charakterdimensionen scheint in erster Linie der Faktor „Verlässlichkeit“ (Beta=0,131, p=0,038) positiven Einfluss auf die Einschätzung von Facebook zur Eignung für die Kommunikation mit engen Freunden zu haben.

Im Gegensatz dazu zeigt sich hingegen bei der Frage zur Eignung von Facebook für die Kommunikation mit lockeren Bekannten ein signifikanter Einfluss des Faktors „Offenheit für Neues“ (Beta=0,143, p=0,023). Dies weist darauf hin, dass Personen, die sehr aufgeschlossen gegenüber neuen Erfahrungen sind, Facebook auch stärker als gut geeignetes Kommunikationstool mit lockeren Bekannten erleben, als dies bei Nutzern der Fall ist, die weniger Aufgeschlossenheit gegenüber Neuem zeigen.

Bei der Einschätzung der Eignung von Facebook zur Interaktion mit Familienmitgliedern spielen zwei Charakterdimensionen eine signifikante Rolle: Hier erweisen sich die Faktoren „Verlässlichkeit“ (Beta=0,166, p=0,008) sowie „Verträglichkeit“ (Beta=0,142, p=0,021) einen signifikant positiven Einfluss auf die Bewertung der Eignung von Facebook für die Interaktion mit Familienmitgliedern: Je gewissenhafter und verträglicher sich Facebook-Nutzer zeigen, desto stärker schätzen sie auch das Online Social Network für die Interaktion mit Familienmitgliedern.

Diese positive Auswirkung der Charakterdimension „Verlässlichkeit" für die Einschätzung der Eignung von Facebook zur Kommunikation mit engen Freunden und Familienmitgliedern scheint wieder mit der Einstellung zum Sammeln von Freunden innerhalb des Netzwerkes verbunden zu sein. Wie weiter oben bereits gezeigt wurde, haben Facebook-Nutzer mit einem hohen Wert bei der Dimension „Verlässlichkeit" eine geringere Freundesanzahl im Netzwerk als Personen mit geringerer Verlässlichkeit. Als mögliche Erklärung liegt eine selektivere Auswahl jener Personen nahe, die ins persönliche Netzwerk aufgenommen werden. Enge Freunde und Familienmitglieder werden daher mit höherer Wahrscheinlichkeit in das sehr selektive „Freundes-Netzwerk" aufgenommen, als dies bei lockeren Bekannten der Fall ist. Dementsprechend schätzen daher auch Personen mit hohen Verlässlichkeitswerten Online Social Networks wie etwa Facebook auch für die Kommunikation mit engen Freunden und Familienmitgliedern als geeigneter ein, als dies bei jenen mit geringerer Verlässlichkeitsausprägung der Fall ist. Hypothese H4c kann somit nicht verifiziert werden, da sich deutlich gezeigt hat, dass der Faktor der Verträglichkeit keinen signifikanten Einfluss auf die Freundeszahl ausübt und auch die Einschätzung auf die Eignung von Facebook für die Kommunikation mit engen Freunden nicht beeinflusst. Verträglichkeit scheint primär nur bei der Einschätzung in Bezug auf die Eignung für familiäre Kontakte ausschlaggebend zu sein.

Umgekehrt scheinen jene Personen, die hohe „Offenheit für Neues" haben, auch eher bereit zu sein, auch mit jenen Personen über das Netzwerk zu kommunizieren, die keine so enge und vertrauliche Bindung zu ihnen aufweisen. Damit kann Hypothese H4d bestätigt werden, dass die Offenheit für Neues einen deutlichen Einfluss auf die Nutzung von Facebook zur Kontaktaufnahme bzw. Kontaktintensivierung mit lockeren Bezugspersonen hat..

Es handelt sich dabei sozusagen um zwei konträre Positionen: Die „Verlässlichen" bevorzugen ein sehr selektives Freundesnetzwerk, in dem eine gewisse Vertraulichkeit als wichtiger Faktor für funktionierende Kommunikation vorausgesetzt wird. Die „für Neues Offenen" benötigen diesen Vertraulichkeitsfaktor nicht für erfolgreiche Kommunikation, sondern versprechen sich gerade durch den Kontakt mit weniger engen Freunden neue Erfahrungen.

6.10.4. Charakterdimensionen und Nutzungsintensität

Eine Fragestellung, die im Zusammenhang mit sozialpsychologischen Charaktereigenschaften und der Internetnutzung auch häufig gestellt wird, ist, welche Auswirkungen gewisse Charakterdispositionen für die Nutzungsintensität haben können. Nutzen introvertierte Personen Online Social Networks intensiver als extrovertierte Nutzer, da sie vielleicht aus Angst vor direkten Kontakten in der realen Welt, eher die Kommunikation über das Internet suchen? Welche Rolle spielt der Aspekt der Verlässlichkeit oder auch des Neurotizismus für die Nutzungsintensität? Oder nutzen besonders jene Menschen, die eine sehr große Offenheit gegenüber Neuem aufweisen, auch die Online Social Networks intensiver, da diese immerhin eine relativ junge technische Kommunikationsmöglichkeit darstellen?

Eine lineare Regressionsanalyse mit den fünf Charakterdimensionen als unabhängigen und der Nutzungsintensität von Facebook als abhängige Variable zeigt, dass es lediglich einen Zusammenhang mit dem Faktor der Extraversion gibt. Je extrovertierter ein Nutzer ist, desto intensiver nutzt er auch das Online Social Network (Beta=0,141, p=0,033). Dieser Zusammenhang wird auch damit mitbegründet, dass extrovertierte Nutzer einen größeren Freundeskreis im Online Social Network haben und somit auch mehr Interaktionspersonen verfügbar sind bzw. mehr Kontakte gepflegt werden (müssen), was wiederum die längere Nutzungsdauer erklären kann. Obwohl es sich bei dieser Untersuchung nur um eine Querschnittuntersuchung handelt, bei der Kausalitäten immer schwer zu klären sind, lässt sich die umgekehrte Richtung, nämlich dass die größere Freundeszahl durch eine intensivere Nutzung des Online Social Networks bedingt ist, insofern für weniger wahrscheinlich betrachten, als andere Befunde bereits deutlich gezeigt haben, dass die Mehrheit der Freunde innerhalb von Facebook auch Freunde im realen Leben sind und im direkten Kontakt kennengelernt wurden. Klarerweise führt auch eine intensivere Nutzung des Online Social Networks dazu, dass diese offline existierenden Beziehungen durch die Online Interaktion über Facebook ergänzt werden und an Stabilität gewinnen.

Die H4e, die einen positiven Zusammenhang zwischen Verlässlichkeit und Nutzungsintensität von Facebook vermutet hatte, kann nicht bestätigt werden, da die Charakterdisposition „Verlässlichkeit" keinen signifikanten Einfluss auf die Zeit, die mit Facebook verbracht wird, gezeigt hat.

6.10.5. Charakterdimensionen und Mitgliedsdauer

Es stellt sich zudem auch die Frage, inwiefern sich unterschiedliche Charakterdispositionen auf die Dauer der Facebook-Mitgliedschaft auswirken können. Die Vermutung liegt nahe, dass jene Nutzer, die hohe Werte beim Faktor „Offenheit für Neues" aufweisen, zu jenen gehören, die Facebook bereits sehr lange nutzen, weil sie sozusagen zu den „Early Adopters" gehören, die neue Möglichkeiten gerne und oft vor anderen austesten.

Auch dazu wurden alle fünf Charakterdimensionen als unabhängige Variablen und die Dauer der Mitgliedschaft bei Facebook als unabhängige Variable in einer linearen Regression in Beziehung gesetzt. Dabei zeigte sich jedoch keine der fünf Charaktermerkmale als signifikant ausschlaggebend für die Dauer der Facebook-Mitgliedschaft.

Hypothese H4f, die besagte, dass mit höherer Offenheit für Neues auch die Dauer der Facebook-Mitgliedschaft steigen würde, muss somit verworfen werden. Offenheit für Neues drückt sich nicht primär dadurch aus, dass Nutzer, die darin hohe Werte aufweisen, auch zu den ersten Facebook-Nutzern gezählt haben.

7. Resümee

Wie sich gezeigt hat, gehört Facebook zu einer beliebten Anwendung im Internet, der auch von den meisten Nutzern regelmäßig Zeit gewidmet wird und das von immerhin fast zwei Drittel der Nutzer als integraler Bestandteil des Alltags gesehen wird. Je jünger die Nutzer sind, einen desto höheren Zeitanteil verwenden sie auch für das Online Social Network. Insgesamt erweist sich jedoch die deutschsprachige Nutzerschaft von Facebook im Vergleich zur US-amerikanischen noch als eher neu im Netzwerk, indem fast drei Viertel der befragten Nutzer weniger als ein Jahr in diesem Online Social Netzwerk aktiv sind. Dies spiegelt sich auch in der vergleichsweise geringen „Freundeszahl" der befragten Nutzer wider. Grundsätzlich gilt dabei, dass jene Nutzer, die eine hohe Anzahl an Freunden in ihrem Netzwerk aufweisen, auch die meiste Zeit mit Facebook verbringen. Die Richtung der Kausalität bleibt jedoch offen: So kann einerseits die erhöhte Zeitaufwendung für einen größeren Freundeskreis im Netzwerk sorgen, oder umgekehrt, ein größerer Freundeskreis eine höhere Zeitaufwendung im Netzwerk notwendig machen. Diese Frage der Richtung der Kausalität konnte im Rahmen dieser Querschnittuntersuchung nicht ausreichend geklärt werden und spricht daher für zukünftige Längsschnittuntersuchungen zur Nutzung von Online Social Networks.

Ein Faktum, das sich besonders klar in mehreren Punkten der Untersuchung gezeigt hatte, ist, dass Facebook tatsächlich in erster Linie zur Pflege bzw. Intensivierung von bestehenden Kontakten genutzt wird. Das Kennenlernen von neuen Personen sowie die Etablierung von sogenannten Online-Bekanntschaften spielt im Gegensatz dazu für die befragten Nutzer kaum eine Rolle bzw. wurde kaum als eigene Erfahrung berichtet.

Dies bestätigt sich auch bei den Nutzungsgewohnheiten der unterschiedlichen Anwendungen von Facebook. Hier wurden mittels Faktorenanalyse und theoretischen Vorüberlegungen die drei Anwendungsgruppen „Kommunikationstools", „Unterhaltungstools" und „Präsentationstools" identifiziert. Dabei zeigte sich bereits bei der Konstruktion der drei genannten Gruppen, dass die Funktion der Statusmeldung, die rein theoretisch sowohl zur Kommunikation als auch zur (Selbst-)Präsentation verwendet werden kann, von den befragten Nutzern in erster Linie als Kommunikationstool eingesetzt wird. Die (Selbst-)Präsentation erfolgt nicht auf diesem sprachlichen Wege, sondern in erster Linie über Fotos und/oder den Beitritt zu Gruppen, die mit oftmals sehr aussagekräftigen Namen selbst zu einem Statement werden können.

Grundsätzlich zeigte sich insgesamt die hohe Bedeutung der Kommunikationstools von Facebook, die von einem Großteil der Nutzer sogar mehrfach täglich verwendet werden. Auffällig ist hier nur, dass die beiden Kommunikationswege „Postfach" und „Chat" vergleichsweise noch eher geringe Bedeutung haben, was die Vermutung entstehen lässt, dass in diesen Bereichen noch andere computervermittelte Kommunikationswege außerhalb des Facebook-Netzwerkes diese Funktion ebenfalls erfüllen. Für eine weitere Untersuchung erscheint es daher dringend notwendig, auch die Nutzung von Chat- oder Mailprogrammen außerhalb des Facebook-Netzwerkes separat zu erheben, um hier eine genauere Interpretation der Ergebnisse zu ermöglichen.

Erstaunlich hoch fällt auch die Bedeutung von Unterhaltungstools auf Facebook aus: Spiele und Tests stellen für viele Nutzer einen beliebten Zeitvertreib im Online Social Network dar. Bei den Präsentationstools spielt wiederum in erster Linie die Veröffentlichung von Fotos eine Rolle, wobei jedoch insgesamt anzumerken ist, dass entgegen der Erwartungen das (Selbst-)Präsentationsbedürfnis der Nutzer eher gering zu sein scheint.

Was ebenfalls für den hohen Stellenwert von Facebook für die Nutzer spricht, ist eine emotionale Bindung einer Mehrheit der User an das Netzwerk, die von Frauen sogar noch stärker berichtet wird als von männlichen Nutzern. Der Aspekt der Zugehörigkeit zur Gemeinschaft stellt ebenfalls für einen Teil der Nutzer ein relevantes Faktum dar. Trotzdem erweist sich das Netzwerk nicht als der Referenzpunkt der Realität und eine längere Abwesenheit in Facebook wird nicht als „Abgeschnittensein von der Realität" empfunden.

Bei den Motiven, die hinter der Facebook-Nutzung stehen, zeigte sich eine eindeutig soziale Ausrichtung des Netzwerkes: So erwiesen sich von den vier mittels Faktorenanalyse identifizierten Motivdimensionen die Aspekte „Facebook zur sozialen Kontaktpflege" und „Soziale Informationsfunktion" als die für die Nutzer am bedeutendsten. Der Zeitvertreib, etwa mit Tests und

Spielen auf Facebook, stellt ebenfalls und vor allem bei den weiblichen Nutzern eine relevante Funktion dar, aber deutlich nach den beiden bereits genannten Dimensionen. Am wenigsten bedeutsam ist die Dimension der „allgemeinen Informationsfunktion“. Werden derartige Informationen etwa zu Veranstaltungen, Musik oder Filmen gesucht, so sehen die Nutzer das Online Social Network nicht als primäre Anlaufstelle.

Im Zusammenhang mit der Bedeutung des Online Social Networks bzw. der computervermittelten Kontaktpflege für die Erhaltung bzw. Erweiterung des Sozialkapitals in starken (strong ties) und schwachen (weak ties) Bindungen zeigte sich sehr rasch, dass entgegen der Erwartungen auch im Online Social Network vor allem die starken Bindungen eine Rolle spielen. Sowohl bei den starken als auch bei den schwachen Bindungsformen wird die Kommunikation und Kontaktpflege über das Online Netzwerk als ein Bestandteil in der Beziehung eingesetzt. Der Aufbau und das Entwicklungspotential einer Beziehung, die tatsächlich rein über Facebook selbst aufgebaut wurde, konnte bei den Befragten nicht nachvollzogen werden, da hier kaum Personen als Freunde genannt wurden, die nicht bereits vorher im Offline Leben kennengelernt wurden. Dennoch konnte anhand der fünf unterschiedlichen Situationsbeschreibungen, die jeweils dreimal die Kommunikationsmuster bei starken Beziehungen und zweimal bei schwachen Bindungen aktivieren sollten, gezeigt werden, dass zumindest anteilsmäßig die computervermittelte Kommunikation im Vergleich zur direkten Kommunikation (Treffen, Telefonat, SMS) bei schwachen Beziehungen bedeutsamer wird. Wobei jedoch einschränkend dazu gesagt werden muss, dass bei diesen lockeren Bekanntschaften die Interaktionsfrequenz insgesamt deutlich geringer ausfällt als bei der Kommunikation zwischen engen Freunden oder Familienangehörigen. In absoluten Zahlen gesehen, wird somit auch über das Online Social Network hauptsächlich mit Personen kommuniziert, mit denen bereits eine relativ enge Beziehung besteht und die bereits vorher offline kennengelernt wurden.

Die zentrale Frage, die sich gerade in Zeiten ständig wachsender Nutzerzahlen von Online Social Websites stellt, ist sicherlich auch, wie sich diese computervermittelte Interaktion auf bestehende Kommunikationsmuster auswirkt. Da Aussagen über Veränderungen mittels Querschnittstudie kaum möglich sind, wurde zumindest das subjektive Empfinden in Bezug auf die persönlichen Kommunikationsgewohnheiten der Nutzer erhoben. Dabei zeigte sich, dass beinahe die Hälfte der Befragten davon überzeugt war, dass sich ihr Kommunikationsverhalten seit der Nutzung des Facebook-Netzwerkes verändert hat. Bei den konkreten Nachfragen, ob dadurch die Anzahl persönlicher Treffen, Telefonate oder SMS zurückgegangen sei, verneinte jedoch die Mehrheit der Befragten diese negative Veränderung. Dies legt die Vermutung nahe, dass die Veränderung nicht unbedingt ausschließlich in einer Abnahme der Interaktion über klassische Kommunikationskanäle begründet liegt, sondern eventuell auch in einer Zunahme dieser. In weiteren Untersuchungen wird daher der Frage nachzugehen sein, inwiefern Online Social Networks zu einer insgesamten Ausweitung der Kommunikation führen. Die Vermutung scheint plausibel, dass durch die Kontaktpflege über das Online Social Network neue Anknüpfungspunkte für Kontakte abseits der Online-Sphäre gefunden werden bzw. Beziehungen so intensiviert oder aufgefrischt werden, dass sich auch die Kommunikation über Telefon oder bei persönlichen Treffen intensiviert.

Es wurde aber nicht nur die Veränderung im Bereich der Kommunikationshäufigkeit untersucht, sondern auch Veränderungen der Beziehungen selbst. Auch hier wurde wieder von den subjektiven Einschätzungen der Befragten selbst ausgegangen, wobei sich sehr klar zeigte, dass Facebook sich vor allem positiv auf die eher lockeren Beziehungen auswirkt: Fast zwei Drittel der Befragten waren der Meinung, dass sich das Online Social Network positiv auf diese lockeren Beziehungen ausgewirkt hat. Keinerlei Veränderungen, weder in Form einer Intensivierung noch Abschwächung, erlebte die Mehrheit der Nutzer jedoch bei Beziehungen zu Familienmitgliedern und engen Freunden.

Dem entsprechen die Ergebnisse zur Einschätzung der Eignung von Facebook als Kontaktmittel für enge vs. lockere Beziehungen. Für ersteres gehen die Meinungen stark auseinander, inwiefern es sich um ein geeignetes Kommunikationsmittel für Familienmitglieder oder enge Freunde handelt. Einig scheint man sich hingegen bei der guten Anwendbarkeit für die Kommunikation mit lockeren Bekannten. Hier liegt die Vermutung nahe, dass der unverbindliche, unaufdringliche Charakter der Kommunikation über das Netzwerk als positives Faktum zum Tragen zu kommen, das gewisse Hemmschwellen in der Kommunikationsaufnahme überwinden hilft.

Ein Vorhaben dieser Arbeit – eine Typologie unterschiedlicher Beziehungsmuster in Online Social Networks zu erstellen, konnte auf Grund der Erkenntnis, dass in den Netzwerken von Facebook überwiegend mit bereits im realen Leben kennengelernten Personen interagiert wird, nur ansatzweise durchgeführt werden. Die theoretisch erwartbaren Beziehungsmodelle, die von tatsächlichen Online-Bekanntschaften ausgehen, konnten aufgrund der geringen Zahl von Personen, die tatsächlich „Online-Bekanntschaften" in ihren Netzwerken hatten, nicht überprüft werden. Bestätigt hat sich vielmehr die teilweise Verlagerung oder viel mehr noch Ergänzung von bestehenden Interaktionsbeziehungen auf die Online-Ebene. Online Social Networks dürften sich also in erster Linie auf jene Beziehungstypen auswirken, die ursprünglich nur realen Kontakt hatten, aber teilweise in zunehmendem Maße diese Interaktionen auch auf die Online Ebene verlagern bzw. ausweiten.

Als interessant erwiesen sich auch die Ergebnisse zur Auswirkung von psychosozialen Eigenschaften (Extraversion, Verträglichkeit, Offenheit für Neues, Neurotizismus, Verlässlichkeit) auf die Facebook Nutzung. Es zeigte sich, dass das Klischee vom einsamen und sozial inkompetenten Computerfreak für die Nutzer der Online Social Networks keineswegs als zutreffend bezeichnet werden kann. Vielmehr zeigt sich das Gegenteil, dass sich nämlich die Nutzer von Facebook als extrovertiert erweisen, relativ hohe Offenheit für Neues aufweisen und sozial sehr verträglich sind. Je extrovertierter ein Nutzer ist, desto intensiver wird das Netzwerk genutzt.

Ein interessanter Zusammenhang zeigt sich in diesem Fall bei der Auswirkung der abgefragten fünf Charakterdimensionen auf die Anzahl der Freunde. Während eine hohe Extraversion mit einer höheren Freundeszahl verbunden ist, erscheint ein höherer Grad an Verlässlichkeit mit einer geringeren Freundesanzahl in Beziehung zu stehen. Eine Erklärung für diesen Zusammenhang lässt sich unter Umständen darin sehen, dass verlässliche Personen bei der Auswahl der Freunde, die sie in ihr Netzwerk aufnehmen, selektiver vorgehen und nur jene Zahl an Personen aufnimmt, mit denen sie die Beziehung auch tatsächlich pflegen können, während extrovertierte Personen vor allem den Kontakt mit möglichst vielen Personen als erstrebenswert empfinden und daher auch eher lockere Bekannte ihrem Netzwerk hinzufügen. Zudem verfügen extrovertierte Personen meist auch im realen Leben über mehr soziale Kontakte, was sich ins Online Netzwerk übertragen kann.

Es hat sich somit eine sehr starke Verankerung der im Online Social Network gepflegten Kontakte in realen Beziehungen gezeigt. Facebook und ähnliche Netzwerke scheinen herkömmliche Kommunikationskanäle nicht zu verdrängen, sondern vielmehr zu ergänzen oder sogar anzuregen, indem etwa Beziehungen, die auf Grund geographischer Distanz oder ähnlichem im realen Leben nur mehr schwer gepflegt werden konnten, über das Netzwerk wieder aufgegriffen und für weitergehende Interaktionen in Form eines persönlichen Treffens oder Telefonats „vorbereitet" werden. Insofern stellt Facebook also zumindest in diesem Punkt auch eine Bereicherung für das Sozialkapital der Nutzer da, indem alte Kontakte wieder aufgegriffen werden, in traditionelle Interaktionssituationen übergeführt werden und die darin involvierten Personen auf diese Weise wieder zu gegenseitigen „potentiellen Ressourcengebern" werden können. Keinen bzw. nur sehr wenig Zuwachs an Sozialkapital ergibt sich in Hinblick auf das Knüpfen neuer Kontakte über das Netzwerk. Das Kennenlernen über die Online Plattform erscheint zumindest für die im Rahmen dieser Studie befragten Nutzer nach wie vor eine absolute Ausnahme darzustellen. Die Bedeutung eines tatsächlich „online social capital" scheint zumindest vorerst ausgesprochen gering zu sein. Inwiefern sich die Form der computervermittelten sozialen Netzwerkpflege jedoch auf die bestehenden Beziehungen auswirkt, wird in den nächsten Jahren noch eine zentrale Frage in unserer Informations- und Kommunikationsgesellschaft darstellen. Das im Rahmen dieser Querschnittstudie durchgeführte Abfragen subjektiver Veränderungswahrnehmung ist eine Methode, die jedoch in Zukunft noch unbedingt mit objektiveren Daten aus Längsschnitt oder im besten Fall sogar Paneluntersuchungen überprüft bzw. kontrastiert werden sollte.

Als Fazit dieser Arbeit bleibt somit festzuhalten: Facebook stellt für die Nutzer einen wichtigen Kommunikationskanal für die Interaktion mit bereits bekannten und befreundeten Personen dar. Offensichtlich bietet das Netzwerk somit im Vergleich zu den herkömmlichen Kommunikationskanälen einen gewissen Mehrwert an, der einerseits in der einfach Integrationsmöglichkeit in andere am Computer stattfindende Aktivitäten gesehen werden kann, andererseits aber sicherlich auch im Zusammenspiel der drei identifizierten Anwendungsbereichen, nämlich a.) der Kommunikation über unterschiedlichste Kanäle, die von der sehr unaufdringlichen Postfach-Nachricht bis hin zum eher offensiven und direkten Chat reichen und durch b.) Unterhaltungs- und c.) (Selbst-)Präsentationsmöglichkeiten ergänzt werden. Eine derartige Kombination wird weder von herkömmlichen Kommunikationsmedien, wie Telefon oder Brief erfüllt, noch kann es in dieser Breite in der direkten Interaktion von Angesicht zu Angesicht verwirklicht werden. Die weiterführende Untersuchung dieses konkreten Mehrwerts erscheint ebenfalls hoch relevant für die sozialwissenschaftliche Beobachtung dieser online-vermittelten sozialen Netzwerkentwicklung, denn vielleicht stellt sich in Zukunft schon bald die Frage „Kommunizierst du noch oder facebookst du schon?“

8. Literatur

Amichai-Hamburger, Y. / Ben Artzi, E.: Loneliness and Internet Use. in: Computers and Human Behavior, 19, 2003: S. 71-80

Amichai-Hamburger, Y. / Wainpel, G. / Fox, S.: On the Internet no one knows I´m introvert: Extroversion, introversion, and Internet interaction. in: CyberPsychology & Behavior, 5(2), 2002: p.125-128)

Bargh, J.A./ McKenna, K.Y.: The Internet and social life. Annual Review of Psychology, 55:, 2004: S. 573-590

Batinic, B. / Reips, U.-D./ Bosnjak, M. (Hrsg.): Online Social Sciences, Seattle et al. 2002

Baur, Nina / Florian, Michael J.: Stichprobenprobleme bei Online-Umfragen. in: Jackob, Nikolaus / Schoen, Harald / Zerback, Thomas: Sozialforschung im Internet. Methodologie und Praxis der Online-Befragung. Wiesbaden: VS Verlag für Sozialwissenschaften, 2009: S.109-128

Beninger, J.R.: Personalization of mass media and the growth of pseudo-community. in: Communication Research, Vol. 14, 1987, pp. 352-371.

Berry, W.: Sex, economy, freedom, and community. New York: Pantheon, 1993.

Boase, Jeffrey / Wellman, Barry: Personal Relationships: On and Off the Internet. In: Perlman, Daniel / Vangelisti, Anita L. (Hrsg.): Handbook of Personal Relations. Oxford: Blackwell, 2004: S.1-19

Bock, P.: He´s not disabled in cyberspace. in: Seattle Times, 1994, pp. A1-2.

Bosnjak, M. / Batinic, B.: Understanding the Willingness to Participate in Online Surveys. The Case of E-Mail Questionnaires. in: Batinic, B. / Reips, U.-D./ Bosnjak, M. (Hrsg.): Online Social Sciences. Seattle et al., 2002: S. 81-92

Bourdieu, P. / Wacquant, L.: An invitation of reflexive sociology. Chicago, IL: University of Chicago Press, 1992

Bourdieu, Pierre: Ökonomisches Kapital, kulturelles Kapital, soziales Kapital. In: Kreckel, Reinhard (Hrsg.): Soziale Ungleichheiten. Soziale Welt. Sonderband 2, 1983: S. 183-298

boyd, d.m. /Ellison, N.: Social network sites: Definition, history, and scholarship. in: Journal of Computer-Mediated Communication, 13, 2007: S. 210-230

Brauer, Kai: Bowling together. Clan, Clique, Community und die Strukturprinzipien des Sozialkapitals. Wiesbaden: VS Verlag, 2005

Brennan, P.F. / Moore, S.M./ Smyth, K.A.: Alzheimer´s disease caregivers´ uses of a computer network. in: Western Journal of Nursing Research, Vol. 14, 1992, pp. 662-673

Bühl, Achim: Die virtuelle Gesellschaft. Ökonomie, Kultur und Politik im Zeichen des Cyberspace. Opladen, Wiesbaden: Westdeutscher Verlag, 1997

Bühl, Achim: Die virtuelle Gesellschaft. Ökonomie, Politik und Kultur im Zeichen des Cyberspace. Wiesbaden: Westdeutscher Verlag, 2000

Buhrmeister, Dieter: Need fulfilment, interpersonal competence, and the developement contexts of early adolescent friendship. in: Bukowski, William M. / Newcomb, Andrew F. / Hartup, William W. (Hrsg.): The company they keep: Friendship in childhood and adolescence. Cambridge: Cambridge University Press, 1996: S. 158-185

Bukowski, William M. / Newcomb, Andrew F. / Hartup, William W. (Hrsg.): The company they keep: Friendship in childhood and adolescence. Cambridge: Cambridge University Press, 1996

Burt, Ronald S.: Structural Holes. Cambridge: Harvard University Press, 1992

Burt, Ronald S.: The Network Structure of Social Capital. In: Sutton, Robert /Staw, Barry (Hrsg.): Research in Organizational Behavior. Band 22, Elsevier: JAI Press, 2000: S. 345-424

Butt, S. / Phillips, J.G.: Personality and self report mobile phone use. in: Computers in Human Behavior, 24(2), 2008: p.346-360

Castells, Manuel: The Rise of Network Society. Oxford: Blackwell Publishers. 1996

Chun, Hyunwoo / Kwak, Haewoon / Eom, Young-Ho / Ahn, Yong-Yeol / Moon, Sue / Jeong, Hawoong: Comparison of Online Social Relations in Terms of Volume vs. Interaction: A Case Study of Cyworld. paper atthe IMC 2008, Oktober 20-22, 2008, in Vouliagmeni (Griechenland), 2008: p. 57-69

Coleman, James S.: Foundation of Social Theory. Cambridge: Belknap Press, 1990

Coleman, James S.: Social Capital in the Creation of Human Capital. In: American Journal of Sociology 94, 1988: S. 95-120

Computerwoche: Facebook, Twitter und Co. Social Media weiter auf starkem Wachstumskurs. 4.11.2009, abrufbar unter: http://www.computerwoche.de/netzwerke/web/1909829/ (Stand am 22.12.2009)

Costa, Paul T. /McCrae, Robert R.: Revised NEO personality inventory (NEO-PI-R) and the NEO Five-Factor inventory (NEO-FFI). In: Professional manual. Odessa, Florida: Psychological Assessment Resources Inc., 1992

Dahrendorf, Ralf: Homo Sociologicus. 16. Auflage, Wiesbaden: VS Verlag für Sozialwissenschaften, 2006.

De Leon, F.: Senior circuits. in: Seattle Times, 23. Oktober 1994, pp. E1, E4.

Deterding, Sebastian: Virtual Communities. in: Hitzler, Ronald/ Honer, Anne / Pfadenhauer, Michaela: Posttraditionelle Gemeinschaften. Theoretische und ethnographische Erkundungen. Wiesbaden: VS Verlag für Sozialwissenschaften, 2009, S.115-131

Ellison, Nicole / Steinfield, Charles / Lampe, Cliff: Spatially Bounded Online Social Networks and Social Capital. The Role of Facebook. Paper presented atthe Annual Conference of International Communication Association ICA, June 19-23, 2006 in Dresden

Ellison, Nicole. / Steinfield, Charles. / Lampe, Cliff: The benefit of Facebook "friends". Social capital and college students' use of online social network sites. in: Journal of Computer-Mediated Communication, 12, 2007: S. 1143-1168

Fischer, Claude S. / Jackson, Robert M. / Stueve, Ann C. / Gerson, Kathleen / McCallister Jones, Lynne / Baldassare, Mark (Hrsg.): Network and Places. Social Realtions in the Urban Setting. New York: The Free Press, 1977

Fischer, Claude: Perspectives on Coomunity and Personal Relations. In: Fischer, Claude S. / Jackson, Robert M. / Stueve, Ann C. / Gerson, Kathleen / McCallister Jones, Lynne / Baldassare, Mark (Hrsg.): Network and Places. Social Realtions in the Urban Setting. New York: The Free Press, 1977: S. 1-18

Flap, Henk / Völker, Beate (Hrsg.): Creation and Returns of Social Capital. A New Research Program. London/New York: Routledge, 2004

Franzen, Axel / Freitag, Markus (Hrsg.): Sozialkapital. Grundlagen und Anwendungen. Wiesbaden: VS Verlag für Sozialwissenschaften, 2007

Franzen, Axel / Pointner, Sonja: Soziakapital: Konzeptualisierung und Messungen. In: Franzen, Axel / Freitag, Markus (Hrsg.): Sozialkapital. Grundlagen und Anwendungen. Wiesbaden: VS Verlag

für Sozialwissenschaften, 2007: S. 66-90 (Kölner Zeitschrift für Soziologie und Sozialpsychologie, Sonderheft 47/2007)
Franzen, Axel: Does the Internet make us lonely? in: European Sociological Review, Vol. 16, No. 4, 2000, S. 427-438
Franzen, Axel: Social Capital and the Internet: Evidence from Swiss Panel Data. in: Kyklos, Vol. 56, 2003, pp. 341-360
Fremuth, Natalie / Tasch, Andreas (Hrsg.): Arbeitsbericht Nr. 35 (Dez. 2002) des Lehrstuhls für Allgemeine und Industrielle Betriebswirtschaftslehre der TU München, 2002
Gerhards, Maria / Klingler, Walter / Trump, Thilo: Das Social Web aus Rezipientensicht: Motivation, Nutzung und Nutzertypen. In: Zerfaß, Ansgar / Welker, Martin / Schmidt, Jan (Hrsg.): Kommunikation, Partizipation und Wirkungen im Social Web. Grundlagen und Methoden: Von der Gesellschaft zum Individuum. Köln: Herbert von Halem Verlag, 2008: S. 129-148
Goffman, Erving: Wir alle spielen Theater. Die Selbstdarstellung im Alltag. 5. Auflage, München, Zürich: Piper, 1996
Göritz, Anja S.: Incentives in Web Studies: Methodological Issues and a Review. in: International Journal of Internet Science. Vol. 1/1, 2006: S. 58-70
Granovetter, Mark: Getting a Job. Chicago: University of Chicago Press, 1974
Granovetter, Mark: Getting a Job: A Study of Contacts and Careers. 2. Auflage, Chicago: University of Chicago Press, 1995
Granovetter, Mark: The Strength of Weak Ties. In: American Journal of Sociology, 78, 1973: pp. 1360-1380
Granovetter, Mark: The Strength of Weak Ties: A Network Theory Revisited. Sociological Theory 1, 1983: S. 201-233
Harrer, Andreas / Krämer, Nicole / Zeini, Sam / Haferkamp, Nina: Ergebnisse und Fragestellungen aus Psychologie und Informatik zur Analyse von Interaktionen in Online-Communities und Potenziale interdisziplinärer Forschung. In: Zerfaß, Ansgar / Welker, Martin / Schmidt, Jan (Hrsg.): Kommunikation, Partizipation und Wirkungen im Social Web. Grundlagen und Methoden: Von der Gesellschaft zum Individuum. Köln: Herbert von Halem Verlag, 2008: S. 301-326
Haythornthwaite, C.: Strong, weak and latent ties and the impact of the new media. in: The Information Society, 18, 2002: S. 385-401
Hitzler, Ronald/ Honer, Anne / Pfadenhauer, Michaela: Posttraditionelle Gemeinschaften. Theoretische und ethnographische Erkundungen. Wiesbaden: VS Verlag für Sozialwissenschaften, 2009
Holstein, Bettina / Straus, Florian (Hrsg.): Qualitative Netzwerkanalyse. Konzepte, Methoden, Anwendungen. Wiesbaden, 2006
ISSP 2001: Social Networks II, Questionnaire Austria, 2001
Jackob, Nikolaus / Schoen, Harald / Zerback, Thomas: Sozialforschung im Internet. Methodologie und Praxis der Online-Befragung. Wiesbaden: VS Verlag für Sozialwissenschaften, 2009
Jansen, Dorothea: Einführung in die Netzwerkanalyse. Grundlagen, Methoden, Forschungsbeispiele. 2., erweiterte Auflage. Opladen: Leske + Budrich, 2003
Joinson, A.N.: Self disclosure in CMC: The role of self awareness and visual anonymity. in: European Journal of Social Psychology, 31, 2001: S. 177-192
Kanaley, R.: Seizing an online lifeline: The disabled and the net. in: Philadelphia Inquirer, 8 Juli 1995, pp. A1, A8

Kiesler, Sara (Hrsg.): Cultures of the Internet. Hillsdale: Lawrence Erlbaum, 1996

Kimpeler S. / Mangold, M. /Schweiger, W. (Hrsg.): Die digitale Herausforderung. Zehn Jahre Forschungs zur computervermittelten Kommunikation. Wiesbaden: VS Verlag, 2007

Krauss, Susanne: Weblogs als soziale Netzwerke: Eine qualitative Beziehungsanalyse. In: Zerfaß, Ansgar / Welker, Martin / Schmidt, Jan (Hrsg.): Kommunikation, Partizipation und Wirkungen im Social Web. Grundlagen und Methoden: Von der Gesellschaft zum Individuum. Köln: Herbert von Halem Verlag, 2008: S.327-347

Kraut, Robert / Kiesler, Sara / Boneva, Bonka / Cummings, Jonathan / Helgeson, Viki / Crawford, Anne: Internet Paradox Revisited. in: Journal of Social Issues, Vo. 58, 2002, pp. 49-74

Kreckel, Reinhard (Hrsg.): Soziale Ungleichheiten. Soziale Welt. Sonderband 2, 1983

Kriesi, Hanspeter: Sozialkapital. Eine Einführung. Grundlagen, Konzepte, Modelle. In: Franzen, Axel / Freitag, Markus (Hrsg.): Sozialkapital. Grundlagen und Anwendungen. Wiesbaden: VS Verlag für Sozialwissenschaften, 2007: S. 23-46 (Kölner Zeitschrift für Soziologie und Sozialpsychologie, Sonderheft 47/2007)

Laumann, Edward O.: Prestige and Association in an Urban Community. An Analysis of an Urban Stratification System. Indianapolis / New York: Bobbs-Merrill, 1966

Lin, N.: Building a network theory of social capital. in: Connections, 22, 1999: S. 28-51

Lin, Nan / Dumin, Mary: Access to Occupations through Social Ties. Social Networks 8, 1986: S. 365-385

Lin, Nan et al. (Hrsg.): Social Capital: Theory and Research. London/New York: Cambridge University Press, 2001

Lin, Nan: Building a Network Theory of Social Capital. In: Lin, Nan et al. (Hrsg.): Social Capital: Theory and Research. London/New York: Cambridge University Press, 2001: S. 28-51

Lukawetz, G.: Empirically Quantifying Unit-Nonresponse-Errors in Online Surveys and Suggestions for Computational Correction Methods. in: Batinic, B. / Reips, U.-D./ Bosnjak, M. (Hrsg.): Online Social Sciences, Seattle et al. 2002: S. 403-416

Marsden, P.V. / Campbell, K.E.: Measuring tie strength. in: Social Forces, 63, 1984: S. 482-501

Maurer, Marcus / Jandura, Olaf: Masse statt Klasse? Einige kritische Anmerkungen zu Repräsentativität und Validität von Online-Befragungen. in: Jackob, Nikolaus / Schoen, Harald / Zerback, Thomas: Sozialforschung im Internet. Methodologie und Praxis der Online-Befragung. Wiesbaden: VS Verlag für Sozialwissenschaften, 2009: S. 61-73

McKay, Jennifer (Hrsg.): Netting Citizens. St. Andrews: University of St. Andrews Press, 2004

McKenna, K. / Green, A.S. / Gleason, M.E.G.: Relationship formation on the Internet: What is the big attraction? in: JOurnal of Social Issues, 58, 1, 2002: S. 9-31

McKenna, K. /Bargh, J.: Plan 9 from cyberspace: The implications of the Internet for personality and social psychology. in: Personality and Social Psychology Review, 4, 2000: S. 57-75

Mesch, Gustavo S. / Talmud, Ilan: Online Friendship Formation, Communication Channels, and Social Closeness. in: International Journal of Internet Science. 2006, Vol 1/1, pp. 29-44

Mobilkom austria: Österreich09. Digital.leben.lieben.arbeiten. Presseaussendung vom 15.September 2009, abrufbar unter:
http://www.mobilkom.net/final/de/Media/Content/Studie_Social_Networks.pdf (Stand am 1.12.09)

Mocigemba, Dennis: Sechs Podcast-Sendetypen und ihre theoretische Verortung. In: Kimpeler S. / Mangold, M. /Schweiger, W. (Hrsg.): Die digitale Herausforderung. Zehn Jahre Forschungs zur computervermittelten Kommunikation. Wiesbaden: VS Verlag, 2007: S. 61-73

Mocigemba, Dennis: Warum sie selber senden: Eine Typologie von Sendemodi im Podcasting. In: kommunikation@gesellschaft, 2006, 7/3. Online-Publikation. Abrufbar unter: http://www.soz.uni-frankfurt.de/K.G/B3_2006_Mocigemba.pdf (Stand 7.10.07)

Mühlenfeld, H.-U.: Der Mensch in der Online-Kommunikation. Zum Einfluss webbasierter, audiovisueller Fernkommunikation auf das Verhalten von Befragten. Wiesbaden, 2004

Müller, Christoph: Soziale Netzwerke im Internet. abrufbar unter: http://www.soz.unibe.ch/ii/virt/unipress.html (Stand 10.08.2005)

Perlman, Daniel / Vangelisti, Anita L. (Hrsg.): Handbook of Personal Relations. Oxford: Blackwell, 2004

Ploderer, Bernd / Howard, Steve / Thomas, Peter: Being Online, Living Offline: The Influence of Social Ties over the Appropriation of Social Network Sites. Paper at CSCW 08, November 8-12, 2008 in San Diego, Californien, 2008: p.333- 342

Putnam, Robert D.: Bowling Alone. The Collapse and Revival of American Community. New York et al.: Simon & Schuster, 2000

Putnam, Robert, D.: Making Democracy Work: Civic Traditions in Modern Italy. Princeton, NJ: Princeton University Press, 1993

Rheingold, Howard: Virtuelle Gemeinschaften. Soziale Beziehungen im Zeitalter des Computeres. Bonn, 1994

Rice, R.E. / Love, G.: Electronic emotion: Socio-emotional content in a computer mediated communication network. in: Communication Research, 14, 1987: S. 85-108

Richter, Alexander / Koch, Michael: Funktionen von Social-Networking-Diensten. Proceding Multikonferenz Wirtschaftsinformatik 2008, Teilkonferenz Kooperationssysteme, München, 2008: S. 1239-1250

Ross, Craig / Orr, Emily S. / Arseneault, Jaime M. / Simmering, Mary G. / Orr, Robert R.: Personality and motivations associated with Facebook use. in: Computers in Human Behavior 25 (2009): p. 578-586

Schupp, J., & Gerlitz, J.-Y. (2008). BFI-S: Big Five Inventory-SOEP. In: Glöckner-Rist, A. (Hrsg.): Zusammenstellung sozialwissenschaftlicher Items und Skalen. ZIS Version 12.00. Bonn: GESIS.

Sproul, L. / Kiesler, S.: Reducing social context cues: Electronic mail in organizational communication. in: Management Science, 32, 11, 1986: S. 1492-1512

Steinfield, Charles / Ellison, Nicole B. / Lampe, Cliff: Social capital, self-esteem, and use of online social network sites: A longitudinal analysis. In: Journal of Applied Developmental Psychology 29 (2008). p. 434-445

Sutton, Robert /Staw, Barry (Hrsg.): Research in Organizational Behavior. Band 22, Elsevier: JAI Press, 2000

Thiedeke, Udo (Hrsg.): Virtuelle Gruppen. Charakteristika und Problemdimensionen. Opladen: VS Verlag, 2003

Thiedke, Udo: Die Gemeinschaften der Eigensinnigen. Interaktionsmediale Kommunikationsbedingungen und virtuelle Gemeinschaften. in: Von Gross, Friederike / Marotzki, Winfried / Sander, Uwe (Hrsg.): Internet - Bildung - Gemeinschaft. Wiesbaden: VS Verlag, 2008: S. 45-73

Tuten, T.L. / Urban, D.J. / Bosnjak, M.: Internet Surveys and Data Quality. A Review. in: Batinic, B. / Reips, U.-D./ Bosnjak, M. (Hrsg.): Online Social Sciences, Seattle u.a. 2002: S. 7-26

Valkenburg, P.M. / Peter, J. / Schouten, A.P.: Friend networking sites and their relationship to adolescents' well being and social self esteem. In: CyberPsychology and Behaviour, 9, 2006: S. 584-590.

Van der Gaag, Martin / Snijders, Tom: Proposal for the Measurement of Individual Social Capital. In: Flap, Henk / Völker, Beate (Hrsg.): Creation and Returns of Social Capital. A New Research Program. London/New York: Routledge, 2004: S. 199-218

Van Dijk, Jan: The Network Society. Social Aspects of New Media. translated by Leontine Spoorenberg. London ua.: Sage, 1999

Von Gross, Friederike / Marotzki, Winfried / Sander, Uwe (Hrsg.): Internet - Bildung - Gemeinschaft. Wiesbaden: VS Verlag, 2008

Von Kardorff, Ernst: Virtuelle Netzwerke - eine neue Form der Vergesellschaftung? in: Holstein, Bettina / Straus, Florian (Hrsg.): Qualitative Netzwerkanalyse. Konzepte, Methoden, Anwendungen. Wiesbaden, 2006: S. 61-97

Wellman, Barry / Berkowitz, S.D. (Hrsg.): Social Structures. A Network Approach. United Kingdom u.a., 2008

Wellman, Barry / Boase, Jeffrey/ Horrigan, John B. / Rainie, Lee: The Strength of Internet Ties. PEW Internet & American Life Project. Washington, Jänner 2006

Wellman, Barry / Carrinton, Peter J. / Hall, Alan: Networks as personal communities. in: Wellman, Barry / Berkowitz, S.D. (Hrsg.): Social Structures. A Network Approach. United Kingdom u.a., 2008: S.130-184

Wellman, Barry / Haythornthwaite, Carolina (Hrsg.): The Internet in Everyday Life. Oxford: Blackwell Publishers, 2001

Wellman, Barry / Hogan, Bernie: The Immanent Internet. In: McKay, Jennifer (Hrsg.): Netting Citizens. St. Andrews: University of St. Andrews Press, 2004

Wellman, Barry: An Electronic Group is Virtually a Social Network. in: Kiesler, Sara (Hrsg.): Cultures of the Internet. Hillsdale: Lawrence Erlbaum, 1996: S. 179-205

Wilson, Christo / Boe, Bryce / Puttaswamy, Krishna P.N. / Zhao, Ben Y.: User Interactions in Social Networks and their Implications. Paper at the EuroSys 09, April 1-3, 2009 in Nürnberg, 2009: S. 205-218

Wöhler, Thomas / Hinz, Thomas: Entstehung und Entwickung von Sozialkapital. Egozentrierte Diskussionsnetzwerke in den USA und Deutschland. In: Franzen, Axel / Freitag, Markus (Hrsg.): Sozialkapital. Grundlagen und Anwendungen. Wiesbaden: VS Verlag für Sozialwissenschaften, 2007: S. 91-112 (Kölner Zeitschrift für Soziologie und Sozialpsychologie, Sonderheft 47/2007)

Wolak, J / Mitchell, K.J. / Finkelhor, D.: Escaping or connecting? Characteristics of youth who form close online relationships. in: Journal of Adolescence, 26, 2003: S. 105-119

Wolfradt, U. / Doll, J.: Motives of adolescents to use the Internet as a function of personality traits, personal and social factors. in: Journal of Educational Computing Research, 24(1), 2001: p.13-27

Zerfaß, Ansgar / Welker, Martin / Schmidt, Jan (Hrsg.): Kommunikation, Partizipation und Wirkungen im Social Web. Grundlagen und Methoden: Von der Gesellschaft zum Individuum. Köln: Herbert von Halem Verlag, 2008

9. Anhang

Fragebogen

Begrüßungsseite:

LiebeFacebook-NutzerInnen,
vielen Dank, dass Sie sich an dieser Studie zur Facebook-Nutzung beteiligen
Bitte lesen Sie sich die Fragen genau durch und klicken Sie die für Sie persönlich zutreffenden Antworten an.
Die Umfrage wird ***ca. 10 Minuten*** *in Anspruch nehmen. Ihre Angaben werden selbstverständlich* ***streng vertraulich*** *und vollkommen* ***anonym*** *behandelt und dienen ausschließlich wissenschaftlichen Zwecken.*

Als Dank für Ihre Mühe, wird unter allen TeilnehmerInnen, die den Fragebogen vollständig ausfüllen und am Ende des Fragebogens eine Email-Adresse angeben, ein ***20 Euro Gutschein von Amazon verlost.***

Intensität der Internetnutzung/ Social Network Nutzung

1. Wieviele Minuten haben Sie in der letzten Woche durchschnittlich pro Tag im Internet verbracht? *(0= weniger als 10min, 1=10-30min, 2=31-60min, 3=1-2 Stunden, 4= 2-3 Stunden, 5=mehr als 3 Stunden*

2. Wieviele Minuten haben Sie in der letzten Woche im Durchschnitt pro Tag auf Facebook verbracht? *(0= weniger als 10min, 1=10-30min, 2=31-60min, 3=1-2 Stunden, 4= 2-3 Stunden, 5=mehr als 3 Stunden*

3. Wie lange sind Sie schon ungefähr auf Facebook registriert?
1= 6 Monate oder weniger *2 = 6 Monate bis 1 Jahr* *3= 1-2 Jahre*
4=2-3 Jahre *5=3 oder mehr Jahre*

4.Wie häufig nutzen Sie folgende Funktionen auf Facebook?
(mehrfach täglich - täglich - mehrfach pro Woche - mehrfach im Monat - seltener als einmal im Monat – nie)
a.) Postfach für private Nachrichten
b.) Chat
c.) Statusmeldungen
d.) Kommentarfunktion bei den Meldungen und Aktivitäten Ihrer "Freunde"
e.) Pinnwandmessages
f.) Tests, Spiele
g.) Fotoalbum oder Videoalbum,
h.) Gruppenfunktion
i.) Pokes (z.B. Umarmungen, Geschenke an Freunde verschicken)

Facebook als Alltagsroutine? (Items in Anlehnung an US-Studie Ellison et al. 2006)

5. Wie stark stimmen Sie folgenden Aussagen zu?

(5= stimme voll und ganz zu, 4=stimme eher zu, 3= weder noch, 2=stimme eher nicht zu, 1= stimme überhaupt nicht zu)

Facebook ist Teil meiner täglichen Aktivitäten.
Ich bin stolz, wenn ich jemandem sagen kann, dass ich auf Facebook bin.
Facebook ist zu einem fixen Bestandteil meines täglichen Lebens geworden.
Ich fühle mich von der Realität abgeschnitten, wenn ich längere Zeit nicht in Facebook eingeloggt war.
Ich fühle mich als ein Teil der Facebook-Community.

Facebook-Freunde = Real Life Freunde?

6.Wie viele Freunde haben Sie ingesamt auf Facebook?

(0= 10 oder weniger, 1= 11-50, 2=51-100, 3=101-150, 4=151-200, 5=201-250, 6=251-300, 7=301-400, 8= mehr als 400

7. Bitte schätzen Sie einmal: Wieviele Prozent Ihrer "Facebook-Freunde" haben Sie tatsächlich im Internet kennengelernt?

(1=weniger als 10% 2=10-30% 3 =30-50% 4=mehr als die Hälfte)

8. Wie viele Freunde würden Sie zu Ihrem „engen" Freundeskreis zählen?(z.B. Personen, mit denen Sie über sehr persönliche Themen sprechen würden) ____________

9. Und wie kommunizieren Sie hauptsächlich mit diesen „engen" Freunden?

Antwortmöglichkeiten:

- *a.) hauptsächlich durch realen Kontakt/Treffen*
- *b.) hauptsächlich online über Facebook oder anderes Online-Medium (z.B. Chat, Email etc.)*
- *c.) hauptsächlich telefonisch oder per SMS/MMS*
- *d.) über alle 3 Wege (Real-Life, Online, Telefon) zu gleichen Teilen*

Motive der Social Network Nutzung: (Items in Anlehnung an US-Studie Ellison et al. 2006)

(5stufige Skala: 1 = stimme überhaupt nicht zu – 5 = stimme voll und ganz zu)

10. Lesen Sie sich folgende Aussagen zu und geben bitte an, wie stark Sie zustimmen:

Ich nutze Facebook...
... um freie Zeit auszufüllen.
... um eine Pause von meinen Arbeiten zu machen.
... nur zur Unterhaltung.
... um herauszufinden, was sich in meinem Bekanntenkreis tut.
... um über die aktuellen Trends informiert zu bleiben.
... um etwas über neue Musik oder Filme herauszufinden.
... um hilfreiche Informationen zu bekommen.
... um Näheres über jemanden herauszufinden, den ich bereits im realen Leben getroffen habe.

... um mehr über andere Personen aus meiner Umgebung zu erfahren.
... um mit alten Freunden in Kontakt zu bleiben.
... um neue Personen kennenzulernen.
Sonstiges: ____________________

<u>Feststellen von „strong“ und „weak“ ties (Items in Anlehnung an US-Studie Ellison et al. 2006)</u>
11. Stellen Sie sich vor, es ist mitten in der Nacht und Sie brauchen dringend Hilfe. Wen würden Sie anrufen? Bitte nennen Sie den Vornamen oder die Initialen dieser Person. (strong ties) ____________

12. Haben Sie diese Person über Facebook oder im realen Leben kennengelernt?
- *a.) Über Facebook*
- *b.) Im Internet, aber nicht über Facebook*
- *c.) Im realen Leben*

13. Welcher Beziehungsstatus verbindet Sie mit dieser Person?
- *a.) Familienmitglied*
- *b.) Partner/in*
- *c.) Freund/in*
- *d.) Eher lockere/r Bekannte/r*

14. Ist diese Person auch in Facebook aktiv?
- *a.) Ja, ist in Facebook aktiv.*
- *b.) Nein, ist nicht in Facebook aktiv.*

15. Wie häufig kommunizieren Sie mit dieser Person über folgende Wege:
(1=sehr oft, 2 = regelmäßig, 3 = selten, 4 = nie)
- *a. Facebook-Chat*
- *b. Nachricht im Facebook Postfach*
- *c. Kommentare auf Statusmeldung, Fotos etc.*
- *d. Telefonanruf*
- *e. SMS/MMS*
- *f. persönliches Treffen*

16. Wenn Sie sich im Notfall 20 Euro von jemandem borgen müssten, wer würde Ihnen dieses Geld borgen? *Bitte nennen Sie den Vornamen oder die Initialen dieser Person. (strong ties)* ____________

17. Haben Sie diese Person über Facebook oder im realen Leben kennengelernt?
- *a. Über Facebook*
- *b. Im Internet, aber nicht über Facebook*
- *c. Im realen Leben*

18. Welcher Beziehungsstatus verbindet Sie mit dieser Person?

a. Familienmitglied
b. Partner/in
c. Freund/in
d. Eher lockere/r Bekannte/r

19. Ist diese Person auch in Facebook aktiv?

a. Ja, ist in Facebook aktiv.
b. Nein, ist nicht in Facebook aktiv.

20. Wie häufig kommunizieren Sie mit dieser Person über folgende Wege:

(1=sehr oft, 2 = regelmäßig, 3 = selten, 4 = nie)
a. Facebook-Chat
b. Nachricht im Facebook Postfach
c. Kommentare auf Statusmeldung, Fotos etc.
d. Telefonanruf
e. SMS/MMS
f. persönliches Treffen

***21. Sie müssen eine wichtige persönliche Entscheidung treffen. Von wem würden Sie sich dazu einen Rat holen?** Bitte nennen Sie den Namen oder die Initialen dieser Person. (strong ties)*

____

22. Haben Sie diese Person über Facebook oder im realen Leben kennengelernt?

a. Über Facebook
b. Im Internet, aber nicht über Facebook
c. Im realen Leben

23. Welcher Beziehungsstatus verbindet Sie mit dieser Person?

a. Familienmitglied
b. Partner/in
c. Freund/in
d. Eher lockere/r Bekannte/r

24. Ist diese Person auch in Facebook aktiv?

a. Ja, ist in Facebook aktiv.
b. Nein, ist nicht in Facebook aktiv.

***25. Wie häufig kommunizieren Sie mit dieser Person über folgende Wege:**(1=sehr oft, 2 = regelmäßig, 3 = selten, 4 = nie)*

a. Facebook-Chat
b. Nachricht im Facebook Postfach
c. Kommentare auf Statusmeldung, Fotos etc.
d. Telefonanruf

e. SMS/MMS
f. persönliches Treffen

26. Stellen Sie sich vor, Sie brauchen wichtige Informationen zu einem ganz speziellen Thema, finden aber selbst dazu keine Hinweise. Ein/e eher flüchtige/r Bekannte/r von Ihnen kennt sich in diesem Bereich sehr gut aus. Würden Sie diese/n Bekannte/n kontaktieren, um an die Infos zu kommen?
a. Ja
b. Nein

27. Bitte nennen Sie den Vornamen oder die Initialen einer Person, die Sie in so einem Fall fragen würden. (weak ties) _______________

28. Haben Sie diese Person über Facebook oder im realen Leben kennengelernt?
  a. *Über Facebook*
  b. *Im Internet, aber nicht über Facebook*
  c. *Im realen Leben*

29. Welcher Beziehungsstatus verbindet Sie mit dieser Person?
  a. *Familienmitglied*
  b. *Partner/in*
  c. *Freund/in*
  d. *Eher lockere/r Bekannte/r*

30. Ist diese Person auch in Facebook aktiv?
  c. *Ja, ist in Facebook aktiv.*
  d. *Nein, ist nicht in Facebook aktiv.*

31. Wie häufig kommunizieren Sie mit dieser Person über folgende Wege:
(1=sehr oft, 2 = regelmäßig, 3 = selten, 4 = nie)
a. Facebook-Chat
b. Nachricht im Facebook Postfach
c. Kommentare auf Statusmeldung, Fotos etc.
d. Telefonanruf
e. SMS/MMS
f. persönliches Treffen

32. Sie sind auf der Suche nach einem neuen Arbeitsplatz. Wen aus Ihrem Freundes- bzw. Bekanntenkreis würden Sie deswegen um Hilfe bitte? Bitte nennen Sie den Vornamen oder die Initialen dieser Person.*(weak ties)*____________
33. Haben Sie diese Person über Facebook oder im realen Leben kennengelernt?
  a. *Über Facebook*
  b. *Im Internet, aber nicht über Facebook*
  c. *Im realen Leben*

34. Welcher Beziehungsstatus verbindet Sie mit dieser Person?

a. *Familienmitglied*
b. *Partner/in*
c. *Freund/in*
d. *Eher lockere/r Bekannte/r*

35. Ist diese Person auch in Facebook aktiv?

a. *Ja, ist in Facebook aktiv.*
b. *Nein, ist nicht in Facebook aktiv.*

36. Wie häufig kommunizieren Sie mit dieser Person über folgende Wege:
(1=sehr oft, 2 = regelmäßig, 3 = selten, 4 = nie)
a. Facebook-Chat
b. Nachricht im Facebook Postfach
c. Kommentare auf Statusmeldung, Fotos etc.
d. Telefonanruf
e. SMS/MMS
f. persönliches Treffen

37. ***Wie stark sind Sie daran interessiert, was in Ihrem Bekannten- und Freundeskreis tagtäglich passiert?*** (5stufig, 5 = sehr stark – 1 = überhaupt nicht) (weak ties)

38. ***Wie stark glauben Sie daran, dass jeder auf der Welt in irgendeiner Weise mit jedem verbunden ist?*** (5stufig, 5 = sehr stark – 1 = überhaupt nicht) (weak ties)

Persönliche Wahrnehmung der Nutzungsauswirkungen
39. Glauben Sie, dass die Nutzung von Facebook Ihre Kommunikationsgewohnheiten verändert hat? *(5stufig, 5 = Ja, stark verändert – 1 = Nein, überhaupt nicht verändert)*

40. Wie stark stimmen Sie folgenden Aussagen zu: *(5stufig, 5 = stimme voll und ganz zu – 1 = stimme überhaupt nicht zu)*

a. Seit ich Facebook nutze, telefoniere ich seltener mit meinen FreundInnen und Bekannten, um sie zu kontaktieren.
b. Seit ich Facebook nutze, schreibe ich weniger SMS/MMS, um mit meinen FreundInnen und Bekannten zu kommunzieren.
c. Seit ich Facebook nutze, treffe ich mich seltener mit FreundInnen und Bekannten.

41. Bitte geben Sie an, wie sich folgende Beziehungen durch die Facebook-Nutzung verändert haben:
(5er Skala, 1= sehr stark geschwächt; 5=sehr stark gestärkt)

a. Beziehungen zu engen FreundInnen
b. Beziehungen zu eher lockeren Bekannten

42. Wie gut eignet sich Facebook Ihrer Meinung nach für die Kontaktpflege mit folgenden Gruppen?
(5er Skala, 1= sehr schlecht; 5= sehr gut)

a. enge FreundInnen
b. lockere Bekannte
c. Familienmitgliedern

Netzwerkaufbau?

43. Würden Sie sich wünschen, dass mehr Ihrer FreundInnen Facebook nutzen würden?
(5stufig; 1 = nein, überhaupt nicht – 5 = ja, auf jeden Fall)

44. Haben Sie selbst bereits einmal Einladungen für Facebook an Ihre FreundInnen/Bekannte verschickt?
(4-stufig; 4 = ja schon sehr oft – 3 = ja manchmal – 2= nein eher selten – 1=nein noch nie)
45. Sind Sie selbst durch eine Einladung einer/s FreundIn/Bekannten zu Facebook gekommen?
(1= ja – 2 = nein)

46. War diese Einladung von einem Familienmitglied, einer/m engen Freundin oder einer/m eher fernen Bekannten?
1= Familienmitglied, 2 = enge/r Freund/in, 3 = eher lockere/r Bekannte/r, 4 = keine Einladung erhalten

Persönlichkeitsmerkmale
Messung der "Big Five" mittels "Big Five Inventory-SOEP (BFI-S)"
(5-stufige Skala: 1=überhaupt nicht – 5 = voll und ganz)

47. Bitte geben Sie an, wie sehr Sie folgenden Aussagen zustimmen:
Ich bin jemand, der…

a. ... gründlich arbeitet
b. ... kommunikativ gesprächig ist.
c. ... manchmal etwas grob zu anderen ist.
d. ... originell ist, neue Ideen einbringt.
e. ... sich oft Sorgen macht.
f. ... verzeihen kann.
g. ... eher faul ist.
h. ... aus sich herausgehen kann, gesellig ist.
i. ... künstlerische Erfahrungen schätzt.
j. ... leicht nervös wird.
k. ... Aufgaben wirksam und effizient erledigt.
l. ... rücksichtsvoll und freundlich mit anderen umgeht.
m. ... eine lebhafte Phantasie, Vorstellungen hat.
n. ... entspannt ist, mit Stress gut umgehen kann.
o. ... eher zurückhaltend ist.

<u>Soziodemographie</u>

Nun noch einige Angaben zu Ihrer Person:

48. Geschlecht: *1= männlich 2=weiblich*

49. Alter: _________

50. Höchster Schulabschluss bzw. bin SchülerIn von:

1 = Pflichtschule

2 = Hauptschule

3 = höhere Schule ohne Matura

4 = höhere Schule mit Matura

5 = Hochschule

6 = Sonstiges _____________

51. Geburtsland:

1= Österreich

2 = Deutschland

3= Schweiz

4= ehemaliges Jugoslawien

5= Türkei

6= Osteuropa

7= sonstiges europäisches Land

8= Sonstiges nicht-europäisches Land

52. Wohnortgröße:

1= über 1 Million Einwohner

2= über 100.000 Einwohner

3= über 10.000 Einwohner

4= unter 10.000 Einwohner

53. Erwerbstätigkeit: Sind Sie erwerbstätig?

1=ja, Vollzeit *2=Ja, Teilzeit* *3=Ja, geringfügig* *4= nein*

Zum Abschluss geben Sie bitte noch an, wie Sie auf den Link dieser Umfrage gestoßen sind:

1 = über Posting in einem Gruppenforum (bitte Name der Gruppe angeben): ____________

2 = Link würde per Email erhalten

3 = Hinweis von anderen Facebook-NutzerInnen

4 = Sonstiges: _______________

Wenn Sie an der Verlosung des 20 Euro Gutscheins von Amazon teilnehmen wollen, dann geben Sie bitte eine Email-Adresse an, damit ich Sie im Falle eines Gewinns kontaktieren kann. ___________

Vielen Dank für Ihre Teilnahme an der Umfrage! ☺

Ihre Daten wurden hiermit übermittelt.

Der Gewinner des Amazon-Gutscheins wird per Email verständigt.

Fragen und Anregungen zur Studie senden Sie bitte an bernadette.kneidinger@univie.ac.at

GPSR Compliance
The European Union's (EU) General Product Safety Regulation (GPSR) is a set of rules that requires consumer products to be safe and our obligations to ensure this.

If you have any concerns about our products, you can contact us on

ProductSafety@springernature.com

In case Publisher is established outside the EU, the EU authorized representative is:

Springer Nature Customer Service Center GmbH
Europaplatz 3
69115 Heidelberg, Germany

www.ingramcontent.com/pod-product-compliance
Lightning Source LLC
LaVergne TN
LVHW042336060326
832902LV00006B/204
9783531175492